ファミリー企業の挑戦と成功

夢を築き、希望を繋ぐ

水原一夫

牧野出版

夢を築き、希望を繋ぐ

ファミリー企業の挑戦と成功

目次

序章

第1章 宿命を超えて

コラム

第2章 マンケンの誕生

夢を築き、希望を繋ぐ

ファミリー企業の挑戦と成功

序章

「俺、家に戻るわ」

それは、悲しみに沈んだ私と株式会社マンケンにとって、まさに希望の光となった息子の言葉でした。

現在に至る私たちの新しい歩みは、この日からはじまったといえます。

それ以前も以後も、無我夢中で止まることなく走り続け、果たして望んでいた未来を手にできたのか。その答えは、人生が終わるまでわからないかもしれません。

ただ、今は波乱万丈の半世紀、必死で前に進んだ日々を愛おしく思います。

一九七七年の一月八日、私は株式会社マンケンを設立しました。

念のため運勢も見てもらい、これ以上ない素晴らしい日と太鼓判を押された縁起日でした。

このときの私の肩書きは取締役専務。そして取締役社長を預けたのが、公私共にかけがえのないパートナーであった妻でした。

私が社外で営業活動に奔走するなか、社内を守り従業員に慕われ、また家庭でも二人の子どもを育て上げた素晴らしい女性でした。

まさか設立から三十年後の同じ日に、突然この世を去るとは誰が想像できたでしょう。

この日ばかりは、運命の残酷さに打ちひしがれる思いでした。

知らせを聞いて、当時暮らしていた大阪から急遽戻ってきた息子も、言葉を失い立ち尽くします。

しかし、その傍らに寄り添う女性がいたことに、私は驚くとともに少し安堵もしました。近い将来、息子から紹介されることを、妻が待ち望んでいた人でもありました。

この人が、水原家に来てくれる。お嫁さんになる人やで。

私は棺の中の妻に、涙ながらに語りかけました。

十代で家を出た息子が会社に入る決意をして冒頭の言葉をかけてくれたのは、それからほどなくのことでした。

いつかその日が来ることを確信していた私でしたが、ようやく戻ってきて一緒に働いてくれるという事実は、悲しみを乗り越える力を与えてくれました。

それから、二十年以上。

さらなる成長の日々のなかで、人も社会も大きく変わっていきました。

そして社長業を引き継ぎ、権限の委譲が進んだ今、マンケンという会社も、少しずつ異なる表情を見せはじめています。

やがて完全に私の手を離れ、遠くから見守る日も遠くはありません。

その前にあらためて私の歩んできた日々を振り返り、培ってきた考え、社業への思いを残しておきたいと、整理してみることにしました。

次代を生きる人々へ伝える、水原一夫の遺言と思ってお読みいただければ幸いです。

株式会社マンケン　代表取締役会長　水原一夫

第1章　宿命を越えて

父を知らない戦争遺児

かつて織田信長が天下布武を成し遂げ、日本で初めて天守を有する城を構えた地、滋賀県安土。堅固な城址が往時の面影をとどめる安土山の裾野には、田畑と里山の景色、その向こうには琵琶湖最大の内湖・西の湖の輝く水面が四季折々の風情を映し出します。蒲生郡安土村から近江八幡市安土町にと行政区分が変わり、近代化も進みましたが、昔と変わらない景色は今も随所に息づいています。

私は織田信長の家臣として付き従い、この地に根付いた水原家の十六代目として、一九四二（昭和十七）年三月十四日、生を受けました。大東亜戦争（太平洋戦争）のさなかのことです。

父・五郎作は召集を受け戦地に赴いていましたが、私が生まれたときは京都・伏見で軍務についており、「チョウナンタンジョウス」の電報を受けて帰郷がかないました。私が生まれて三日目のことだったといいます。それが生涯たった一度の父子の対面となりました。父はそれから九か月後の一九四二年十二月二十五日、フィリピンのスリガオ州シイソで戦死しました。

残念ながらまだ首も座らない私を掻き抱いた父の手も、愛しげに見つめてくれたその目も、私自身は憶えていません。繰り返しこの日のことを語ってくれた母と祖父母の慟哭と絶望は、想像を絶するものだったでしょう。私はいわゆる「戦争遺児」として、終戦、戦後と続く厳しい時代を、残された家族とともに乗り越えていくことになりました。

あふれる愛情と期待を受けて

戦争未亡人となった母は、そのとき二十四歳。これからどうやって生きていこうかと途方に暮れたといいます。しかし一人息子を喪い失意の底にある義父母のもとで、いつまでもふさぎこんではいられません。生前の夫とかわした「一夫を立派に育てよう」という約束を果たすためにも、自分ががんばって生きていかねばと顔を上げました。以来、嫁として母として、夫不在の妻として、一人三役を懸命に務めることになります。

当時、水原家は一町二反、現代の単位でいえば一・二ヘクタールの田畑を所有する農家でした。祖父は身体が弱かったためすでにほとんど農作業をできる状態でなく、唯一の若い働き手として、家業は母の小さな背中にのしかかります。姑である祖母は厳しい人だったといい、何もかも捨てて逃げ帰ったらどんなに楽かと思ったことも一度や二度ではなかったでしょう。それでも「わが子のために」の一心で、歯を食いしばり水原家にとどまってくれました。

今も記憶の底に焼きつくように残っているのは、農作業する母の姿です。着のみ着のままの破れたモンペ姿で、炎天下の夏の日も、寒風吹き荒ぶ冬の日も、朝から晩まで田畑に出て働いていました。

大黒柱を戦争によって奪われ、心理的にも身体的にも経済的にも苦しさの渦中にあった水原家。そのなかの唯一の希望が、忘れ形見である私でした。大人たちのあふれんばかりの愛情を一身に浴び、その一挙一動を見守られながら、私は成長していきました。

父の顔を知らない不憫な子、そして大切な水原家の後継ぎ。この子にだけはつらい思いをさせたくないという気遣いは、物心ついた頃から感じていました。たとえば粗末な食事のなかでも、炊きたての白米は私に食べさせ、母は腐りかけたごはんを水で洗って食べるなど、常にわが身を削ってでもこの子に、と尽くしてくれたことが、しみじみと思い出されます。

ところが私は身体が弱い子どもでした。やれ熱を出した、できものができたなど、何かというと大人たちが大騒ぎして町医者に駆け込むことがしょっちゅうで、当時としては過保護なくらいだったと思います。今思えば、大切な人を喪ってしまった体験から、万が一この子に何かあったらもう生きていけないくらいの思いを家族それぞれが抱え、異常なほどに心配性になっていたのでしょう。

反骨心を培った環境

一方で、一歩外に出ると、母子家庭という立場の弱さを思い知る現実がありました。戦争遺児……今では知る人も少なくなったこの言葉には、戦争によって運命を狂わされた無念さと苦しみがつきまといます。なかにはお国のために散った戦没者の子どもということで敬意をもってやさしく接してくれる人もいましたが、父親のいない家庭とあからさまに低く見てくる人が少なくありませんでした。当時の田舎には家父長制度の考えが根強く残り、父親のいない家庭は現代では信じられないほど軽んじられました。

今も忘れられないのは、小学校の学芸会でのこと。先生の忖度で、見せ場のある主要な役は地域の有力者やＰＴＡ役員の子どもに割り振られ、私はセリフのないその他大勢の役しか与えてもらえませんでした。そのことを母に言えないまま当日を迎えてしまったのです。日頃、どちらかというと活発な子どもだった私です。きっと学芸会でも活躍するに違いないと、母は忙しい農作業をなんとか都合して、いそいそとやってきました。しかし目にしたのは、取り繕いようのないみじめな現実でした。母は、想像以上に落胆してしまいました。

学芸会での扱いがすべての象徴で、「父親がいない」ということが、今後のわが子の人生にどんな不利益をもたらすかまで考えが及んだのだと思います。私はまた、そんな母の心の動きが手に取るようにわかり、目がくらむほどの悔しさをおぼえました。同時に、なんとしてでも成長して立派な人間になって母を安心させたい、「与えられた運命を引き受けるしかないよ」と言って蔑んだ人々を絶対に見返してやるんだと決意しました。

また、当時の私の周囲には、わずかながらも同じ境遇の子どもたちがいました。私たちは自然とスクラムを組み、負けないで生きていこうと反骨精神を培っていきました。いつか立派な社会人になり、自分が一家を支えるんだという人一倍の気概が、私たちの生きる力になりました。

「農家の後継ぎ」というレール

若い大黒柱を欠いた水原家では、祖父が隠居から一転、再び当主の役割を果たさざるを得ませんでした。そこには先祖代々、受け継いできた農地を一人息子の忘れ形見である私に継がせなければという固い意志がありました。水原家を守ってきた祖父にしてみれば、当然のことだったでしょう。「この子を横道にそれることなく育て上げ、農家への道を着実に歩ませたい」という切実な願いのもとで、私は幼い頃から少しずつ農業の手伝いを覚えていきました。

しかし私が家の仕事に精を出した一番の動機は、早くひとつでも多くのことができるようになって、母を楽にさせてやりたいということでした。小学生にもなると、毎日学校から帰ってカバンを置くなりその日の作業をはじめることが日課でした。当時はまだほとんど機械化もされておらず、農作業には力仕事がつきものです。高学年を迎える頃には、それまで母がしていた力仕事、たとえば牛を使って田畑を耕す、肥料や作物を積んだリヤカーを引っ張るなど、たいていのことは一人でできるようになりました。その頃から米俵六十kgくらいは担いでいました。今ガニ股なのは、こうした重いものをぐっと力を入れてふんばることが日常になったせいです。八十歳を越えた今でも重いものを担ぐのは得意です。

もちろん、育ての父として常に私を温かく見守り、やさしく正しく導いてくれた祖父を、私も深く尊敬していました。亡き父の志とともに、農家を継ぐことは、いわば私の宿命でした。だからこそ、母の代わりが務まるようになってからも、早く一人前にならなければと意気込み、農作業に没頭する毎日を過ごしてきました。しかし、農業で生きていくんだというまっすぐな思いは、実のところ長くは続きませんでした。

その理由は追ってお話するとして、そんな子ども時代の忘れられない体験があります。

凍える寒さのなかで行商へ

わが家では米以外にもさまざまな作物を育てていました。そのひとつに冬の「根深葱」がありました。肉厚で甘く、鍋物にぴったりの葱です。しかしその収穫は大変で、雪のちらつくような極寒の日に葱を掘り出し、冷たい水で泥を洗い流して束ね、商品として体裁を整えねばなりません。手を真っ赤にして凍えながら作業に没頭する母と祖母の姿を見るのは、子ども心にもつらいものでした。

小学校も高学年になると、私の仕事のひとつにこの葱を売りにいくことが加わりました。私は、ふたりがしんどい思いをして収穫したことがわかっていたので、できるだけ高く売りたいと思いました。本来、最も手軽なのは八百屋に卸すことで、母も祖母もそうしていました。卸値でしかさばけませんが、ふたりにしてみたら他のところに売りにいくのは恥ずかしいという思い、特に「やっぱり旦那さんが戦死して困っているからああして必死に売るんだ」という色眼鏡で見られることへの抵抗があったようです。しかし私には、そんなことに臆する気持ちはありませんでした。

「どこならより高く買ってもらえるやろう」。子どもながらに頭をフル回転させ、狙いを定めたのが、近江八幡や八日市の新興住宅地です。束ねた葱を菰に包み、自転車の荷台に積んで一軒一軒の家を訪ねて売り歩くことを考えたのです。いわゆる行商です。もちろんやったことはありませんでしたが、どうしたら売れるかを考えはじめると止まりませんでした。

まずどんなふうに声をかけたら扉を開けてもらえるか。扉が開き、顔を合わせた瞬間の第一声として、何を言えば興味を持ってもらえるか、どう売り込めば買ってもらえるか。一軒一軒、考えながら訪問を繰り返すうちに、商いのコツがだんだんつかめてきます。

よく売れるのは家族が揃う週末、しかも雪が降る、あるいは今にも降りそうに寒い日ほど、家族団欒で鍋でもしようと考える家庭が増えます。それは平日、学校であまり時間のとれない私にとっても都合のいいことでした。

かくして、土日はどんな天候だろうが自転車で町へ行商に行くことに。雪や凍結でつるつる滑る道で、何度転んだか知れません。寒さで顔も身体も感覚がなくなるほどに冷え切って、へこたれそうになります。しかしそれが、商いにはプラスになることがわかりました。

初めて知った商いの醍醐味

なにせ顔を真っ赤にして凍え切ったいたいけな子どもが、葱を売りに訪ねてくるのです。その様子を見て気の毒だな、可哀想だなとわずかでも思ってもらえれば、私にとっては儲けものです。なかには一目見るなり「こんな日に大変やな」「あったかいお茶飲んで帰り」と家にあげてくる人もいます。そうなると、買わずに帰すことはできないでしょう。また、お茶をいただきながら問われるままに身の上語りをすれば、同情して泣いてくれる人もいて、そのうち多少盛って話をすることも覚えます。

人懐っこい笑顔で相手の警戒心を解いて好感を引き出し、少しでも情をかけていただければ最大限の喜びと感謝の気持ちを言葉と態度で素直に伝える。すると「ぼん、喜んで帰りよったな」「あの子を助けるよい買い物ができた」という感動が相手にも残ります。そうして行商を重ねるうちに、いつしか私が来るのを心待ちにしてくれるお客さまも増えていきました。

もちろんつらくないわけがありませんが、やがてそれ以上の喜びが私の心をとらえはじめました。この方法だと、手間はかかっても卸値の三、四倍の値段で売ることができます。商いとはこんなに楽しいものなのか、工夫次第でこんなに儲けることができるのかということが、はじめて体感できたのです。

最初に完売して家にお金を持って帰ったときは、あまりの大金に、悪いことをしてきたのではないかと怪しまれたほどでした。しかし私の説明を聞いた母たちは、驚きながらもこの上なく喜んでくれました。その顔を見て、これで家計が成り立つなら、いくらでもやるぞという気にもなりました。

こうしてお金を稼ぐ厳しさを知ったら、なおさら無駄には使えないという思いも大きくなります。この体験を通して、お金への感謝と執着が私のなかに深々と根をおろしました。

「ほんまにこれでええんやろか」

また、商いを通じて農家とは異なる人々の生活にふれたことは、私自身へのかつてない刺激になりました。住宅街に住むサラリーマン家庭の小綺麗で豊かな暮らしは、まるで別世界のように感じました。最初はこんな生活もあるんだ、凄いなとただ感嘆していただけでしたが、さすがに中学生にもなると、かたやいつまでたっても貧しいままの自分たちの暮らしはこのままでいいのかという疑問が頭をもたげるようになりました。

当時の農業はほぼ休みがなく、仕事の多くはきつい肉体労働です。それだけがんばっても、結局メインの商品となる米が収穫できるのは年にたった一度。しかも値段は政府が決めるため、どんなに努力をしても大きく儲けることはできない仕組みです。考えるほどに、本当にこのまま農業の道を選むべきか否かという迷いが大きくなっていきます。

試しに農業以外の職業の人がいくら稼いでいるのか、職人は、一般企業は、公務員は、経営者は……とさまざまな職業の収入を図書館に行って調べると、その格差に愕然としました。そしてあらためて、農業だけをしていても暮らしは豊かにならないことを悟ったのです。

また、村の年寄り連中が「百姓の息子に学はいらん。種籾の名前が読めればそれでええんや」と言っているのを聞いて、心底がっかりしたこともありました。私自身、身体が弱く学校を休むことが多かったこともあり成績はさほどふるいませんでしたが、学ぶことは好きでした。同業者にそこを否定されるのは、気分のよいものではありません。

幸いなことに、祖父は和歌や謡、絵画をたしなむなど、多彩な趣味を持つ教養人でもありました。学ぶことへの理解があったおかげで、農作業との両立ができる定時制の農業高校への進学がかないました。同時に学費のためにアルバイトもするようになりました。少し家から離れる時間を持ち、農業以外の仕事を体験したことはさらに視野を広げることにもつながりました。

「人はなぜ生きるのか」。それは青春時代、私が飽きることなく考えたテーマです。そして得たひとつの答えは「働くため」でした。仕事を通して人に尽くし、世の中の役に立ち、社会に貢献してこそ生きる意味があるのではないか。そこから得られる満足感や達成感、生きがい、やりがいを感じたときに、真に生きているという気持ちがわいてくるのではないか。私はさまざまな体験を通じてさらに考えを深め、より人生を豊かにするという意味で、仕事の選択肢は無限にあるんだと思うようになっていきました。

株投資での貴重な学び

とはいえ、当時の私はまだ十代の半ば、世間知らずの高校生に過ぎません。農業以外の世界、社会の仕組みを理解するにはどうしたらいいのか。考えた末にはじめ、大きな学びになったのが、アルバイトで得た資金を元手にした株式投資でした。

きっかけは、電車通学でよく会って話をしていた証券会社勤務の先輩に、株がうまくいけば利息で生活できると聞いて興味を引かれたことです。もちろん当時、高校生で株式投資をしている人など、まわりも誰もいませんでした。ずいぶん思い切ったチャレンジですが、お金を稼ぎたいという単純な目的以外に、世間を見たいという強い欲求があったのです。

当時は一株がほとんど五十円だったので、まずはコマーシャルをしている会社の株を持っていたら間違いないだろうと思い、あとは配当を見て銘柄を選びました。そこから徐々に知識を深めていきました。新聞の経済欄に必ず目を通し、値動きを追ううちに株の仕組みもわかっていきます。株はどういう値動きをするのか、今は何の会社、どういった職種がいいのか。決算報告書からバランスシートを読み解き、伸びる会社とそうでない会社を見分けることもできるようになっていきました。

もちろん家族には内緒です。特に祖父は株など大損する危険なものだという先入観を持っていて、私がやっていることがわかれば過剰に心配されることは間違いありませんでした。結局は、ポストに届いていた決算報告書が見つかり、大目玉をくらうことになってしまったのですが。しかしその頃には投資が成功し、そこそこの資金を稼ぎ出しており、祖父の想像よりゼロがひとつ多かったようです。そのおかげで中断させられることもなく、今まで途切れることなく投資を続けられています。

商売で成功するには？

こうして社会とお金の仕組みを知ることで、農業一本で豊かな暮らしをするのは難しいということは確信になっていました。

では何をすればいいのか。一番大きく儲けることができるのは、ものづくりだと思いましたが、自分がやると考えると、ゼロからはじめる原資がないことや、ものをつくっても真似をされたらまた次のものをつくらないといけなくなる、失敗したら方向を変えにくいということなどリスクが大きすぎます。一方、商売は売れるものを扱えば利益が得られるし、いったんダメになっても扱うものを一八〇度変えることが可能です。いつしか私は、自分で会社を興して商売をすることを考えはじめていました。

何を商うかは、慎重に決めなくてはなりません。人々に必要とされる衣食住にかかわるもので、今求められているものは何か、将来的にも安定して求められるのは何か。それを知るには、地元の安土だけを見ていてはいけません。滋賀県、せめて近畿地方まで視野を広げて、そこからこれはという題材を見つけ、それを扱うようにすることが基本だと思いました。

考えた末に、業態としてあまり在庫を抱えることも危険だと気づきました。私がゼロからはじめるとしたら、生産ではなく、原材料をもとに技術を売る商いが理想。しかしそれには、優秀な職人を抱えることが必要です。人の集め方と使い方、人をやとっても潤沢にまわしていける仕事の取り方、売り方、利益の出し方……まだまだ夢想の段階ではありましたが、時間さえあれば、いや、寝る間も惜しんでシミュレーションすることが、楽しみのひとつになりました。自分自身の数少ない経験と照らしながら、商売をするならどうしたらお客さまの懐に入れるのか、どうしたら気に入ってもらえるか、どうしたら会社を興し従業員を集めることができるか。来る日も来る日も、飽きることなく考え続けていました。

「このまま百姓になったらあかん」

私は、ともにやんちゃをしていた農業高校の友人たちを前にひと演説ぶちました。時代は変わってきている。米はその字のとおり、八十八の工程をかけ、一粒一粒大切に育ててやっとお金になるが、それは大変な苦労だ。人件費や肥料、工具など元手もかかる。なのに他の製造業と異なり原価を自分たちで決めることができない。それだけでは大きく儲けることができない。お金を稼ぐには、絶対に勤めに行かなければならない。ついては、新しい農機具がどんどんできているから、それをいち早く手に入れて設備投資し、省力化を図ってそのぶん外で稼がないといい生活ができないと。自説を語り尽くしました。今でもこの私の主張は、友人たちの間で語り草になっています。

依然、農作業や仕事で休みがちだったこともあり学校の成績は中位でしたが、学校の成績はいくらがんばっても所詮五段階の五止まり。でもアルバイトの体験も通じて、社会に出たら、六にも七にも八にもなると感じました。

アルバイトで知った「普通の生活」

話は前後しますが、私に社会経験を積ませてくれ、ここまでの考えを培う基礎となり株式投資の資金にもなった、高校時代のアルバイトのこともお話しなければなりません。

大きな仕事として記憶に残っているのは、屋根葺きを専門にしている会社、いわゆる「屋根屋」で働いたことです。一九五九（昭和三十四）年九月に日本を襲い愛知県を中心に甚大な被害を出した伊勢湾台風の影響で、滋賀からも多くの会社が現地に修復に乗り込んでいました。この会社は一宮市に入り、屋根の修理を手がけていたのですが、私も職人の補佐として一緒に泊まり込みで赴くことがありました。高い屋根に上っての作業もあり、祖父や母が見たら「大事な一人息子にこんな危険なことを」と卒倒したかもしれません。慣れれば意外と平気で、そのぶん稼ぎもよかったのです。

そこでは何日か自炊生活をしたわけですが、一宮の住宅街で営む「あたりまえの日常」は、私の生活とはかけ離れていました。一番驚いたのは食卓の豊かさです。たとえばわが家では、まれに手に入る鮭やさんまなどの焼き魚は、一切れを家族で分けて食べていました。肉はほとんど食卓に上がることがありません。普段は畑でとれたものや豆腐、油揚げなどが全てで、肉や魚は特別なご馳走でした。ところが、こちらでは魚の切り身は一人一切れが普通。肉や貴重品だった缶詰も、みんな惜しげもなく食べています。

うすうすわかってはいたものの、こうして生活水準の違いを目の当たりにしたことも、農業専業の道には進まないという決意を後押ししました。今のまま愚直に農家を続けていては結婚もできない、子どもだって育てられないと強い焦燥感を持ったのです。

ガスの営業で真価を発揮

屋根屋の仕事が一段落すると、次は高校の近くのガソリンスタンでアルバイトをはじめました。免許を取得していた私はミゼットに乗って油の配達仕事をしながら、スキルを高めるためにガスの充填の免許や石油が扱える資格を取りました。できることが増えるほどに仕事が楽しくなりました。

このガソリンスタンドを運営する会社の社長がなかなか先見性のある人で、まだ田舎では藁や薪をエネルギーにしていたこの時代に、これからの燃料としてガスの扱いを開始していました。エネルギーの転換に目をつけたその発想が素晴らしい！と私は感心したのですが、どうも周囲の人々はまだその価値がよく理解できていないようでした。プロパンガスの新規契約をとってこいと尻を叩かれても、社長の片腕である番頭さんでさえうまくいかず手ぶらで帰ってきてしまうのです。

「自分ならできるかもしれない」と密かに闘志を燃やした私は、プロパンガスの営業に手を挙げました。作戦を立てて動くのは、得意中の得意です。

まず考えたのは、どういう家の人ならガスを使ってくれるかということです。訪問した相手に「ガスはもったいない」という価値観があれば、行くだけ無駄になります。そこで想定した条件が、生活水準が高いことと、考え方が柔軟な若い人がいることでした。私は住宅街に出向き、まず外観を観察します。考えた条件を満たす家は、門があること、庭があること、二階建てであること、さらに近代化への対応という意味で、衛生観念のあることも大事だと思いました。若い家族かどうかは、洗濯物からも判断します。

ここならと目星をつけ、飛び込み訪問をはじめました。対応に出た人が、その家の財布を握っていることも契約への決め手になります。反応を見ながら話をし、勘が当たれば、いくら急な訪問であっても、興味を持って話を聞いてもらえます。そうなればもうこちらのもので、早くプロパンガスを導入したほうがいいという気にさせ、契約へと漕ぎ着けました。

一軒の契約が取れれば、隣の家もターゲットとなります。テレビの普及でも、隣がアンテナを立てればそれにつられて「うちも」と軒並み導入が進んだのですが、背景はまったく同じです。「お隣も契約されました」と言えば、「だったら」という家が高確率で出てくるのです。

そんな作戦が面白いほどにうまくいき、私は瞬く間にたくさんの契約をものにしました。しかし会社には、一度にこれだけ契約してきました！と手のうちを明らかにするのではなく、一日一本、小出しにして報告するようにしました。波があるよりもコツコツとコンスタントに契約を重ねる方が、手堅く信頼を得られると思ったのです。目論見は当たり、たちまち社長から目をかけられるようになりました。

やがてガスだけでなく、当時普及のはじまったステンレスの二口（ふたくち）コンロを売り出すようになりましたが、そちらでも同様に注文をどんどん受けてきました。そんな活躍を見せたのは、社内で私だけでした。メーカーにとってもそれだけ新商品を売る会社は珍しかったらしく、一目置かれることにもなりました。もちろん社長は大喜びです。

先斗町で接待を受けた高校生

やがてメーカーから、優良店として食事会への招待を受けることになりました。場所は京都の先斗町です。社長はあろうことか、まだ高校生だった私を、売上げの殊勲者として同伴させてくれました。私にとってそんな場所に行くのはもちろん初体験です。

次々に出てくる京料理の技巧を凝らした美しさとおいしさはもちろん、まっ昼間から芸者さんをあげて、飲めや踊れやの大騒ぎをする大人たちの世界に、私はただ目を見開くばかりでした。こんなに華やかで贅沢な時間を満喫している人々がいることは、私の日常とはまさに別世界、夢のなかの出来事のようでした。同時に農家の生活を思い、この落差が社会の構図というものかと、なんともいえない気持ちにもなりました。

思えば、この体験が「絶対に自分も成功するぞ」という決意をさらに強固にしたのも確かです。しかし「俺もこれくらいのことができるようになってやる」という思いをたぎらせる一方、どこか醒めた頭で、この世界に溺れるようなことがあってはいけない、花柳界の遊びに足をつっこんだらおしまいだと本能的に自分を戒めていました。

何より、そこで大人たちを観察していて感じたのは、彼らは酒を飲みながら「収穫」しているんだなということでした。農家は一年かけて育てた作物を収穫して売るのみですが、商売ではこうして宴席だろうが夜中だろうが、いつでもどこでも種が蒔け、刈り取ることができるんだと思いました。必要なのは才覚とやる気で、それさえあればどうにでもできる。個人の努力とセンス、さらに頭を使えばきっともっと大きな収穫を得ることも可能になるのだと。そこに農業にはない大きなロマンを感じました。

こういったところに連れて行ってくれたことからもわかるように、社長は私に大きな期待を寄せ、「卒業したらぜひうちに来てくれ」と強く入社をすすめてくれました。しかし、私はそのありがたい気持ちに応えることはできませんでした。もちろん仕事は楽しくさせていただきましたが、そのまま就職したとして見えてくる未来は、自分の夢とは離れていくだろうと予測したのです。きっといずれ番頭になるがそこ止まりで、結局は油を配達するだけの商人で終わってしまう。それは私の目指すものではありません。私はもっと大きな商売をする人間になりたいと望んでいました。そのためにはもっと社会の中心にかかわり手広く活動している会社に就職して視野を広げることが必要だと考えていました。

「私を雇わないと損しますよ」

そのころ、日本は敗戦から立ち直り、高度成長期という時代の大きな転換期に入っていました。私は、今後さらに外国から文化が入ってきて、日本はもっともっと成長していくことになると確信していました。「大きな商売」とは、その波に乗ることです。そこではインフラが重要な鍵になると読んだ私は、建築関係の会社に就職できないかと考えました。

折しも、毎日の電車で会う友人が、建築資材を扱う会社に勤務していることを知ります。そして、いかに自分の会社が有望かを得意げに私に語って聞かせるのです。会社についていて聞くほどに自分の求めていた環境ではないかと思い、いてもたってもいられなくなり、私はすぐに「俺もその会社に入りたい。いっぺん上の人に話してくれへんか」と友人に頼みました。しかし、本当に話してくれたのかどうか、話してくれたとしても人事の権限を持たない上司だったのか、何日たってもいっこうに返事がもらえませんでした。

「これはトロくさいしあかんわ。直接当たろう」

なにせ思ったら即行動しないと気がすまない私はしびれを切らし、直接その会社に乗り込むことにしました。近江八幡に本社のあったその会社に突然行って門を力強く叩き、「社長に会いたい」と伝えたのです。

まず出てきたのはたしか常務だったと思います。勢い込んで「なんでもええから私を使ってください」と言ってみたものの、どうもはっきりした反応が得られません。いきなり押しかけてそんなことを言われても、自分の権限だけではどうにもできないと戸惑われたのでしょう。しかし怖いもの知らずの私は、ここでさらにぐいと前に出て、「わからんのやったら社長と話をさせてください」と詰め寄りました。今思えば相当に無茶な話ですが、この押しの強さが功を奏したのか、たまたま予定が空いていたのか、希望が通り社長に会わせてもらえることになりました。

これは得難い機会だということは、私にもわかります。社長に向き合った私は全力で自分を売り込みました。「御社の評判を聞き、実際に見せていただいて、私はこちらに賭けてみたいと思いました。おたくは私を使わないと損ですよ」と。やっぱり無茶苦茶な男です。それでも社長ともなれば、さすがに肝が据わっています。「言いたいことはわかったが、あんたは何を持っているんだ」と聞いてきました。そこで私は、「普通免許と人に負けないパワーがあります」と言い放ちました。それからは私の独壇場で、信長に仕えてから十六代続くわが水原家のこと、戦争遺児として女手ひとつで育てられたこと、家業やアルバイトでこれまで積んできた経験などをドラマティックに話し、好きな歴史になぞらえて「草履取りから成り上がった秀吉くらいのことはできる男です」と売り込んだのです。

社長はそれを面白そうに聞いてくれました。そしてその場で「わかった。すぐにでも来い」と採用を即決したのです。全力でぶつかって、見事扉をこじ開けることに成功したのでした。とても現代では考えられないことです。もちろん向こうもビジネスですから、「面白そうだから雇ってみよう、ダメだったら切ればいい」くらいの心積もりだったと思います。

どうしたら存在感を示せるか

入社後は、本社ではなく大津営業所に配属されました。最初に任されたのは、建築資材の運送です。トラックにセメントなどの建材を積み、取引先に届けるだけの仕事です。一年くらいは言われるままに黙々と仕事をこなしていましたが、状況は変わりそうにありません。「これでは運送屋に勤めているのと変わらんやないか。俺は商売がやりたいのに」という気持ちが募っていきました。

しかしここで上層部に直接かけあうのは能がない。まずは今の仕事で、私という人間の存在を印象づける手はないだろうかと考えました。そこで業務を一から見直し他の人とは異なる工夫をしてみようと、ある試みをはじめました。

当時メインの業務となっていたのは、得意先から発注の多いセメントの配達でした。納品には、各社に設けられた専用のスペースにセメント袋を置くことで完結します。しかし、常に大量に消費されるため、いくつかの会社に発注されているものであるだけに、まだ在庫が残っているところに各資材会社が納品することになります。従来は納品担当者がどんどん新しいセメント袋を上に積んでいくだけで、よく見れば下にある古いセメントが硬化していることがありました。ひどいときは袋が破れてセメントが散らかっていることもあるなど、決して整っているとはいえない現場でした。

そこで私が納品するときは、いったん古いセメントも全部引き出し、新しいものを下にしてきれいに詰み直すとともに、袋が破れているものは新しい袋に入れ替え整理整頓して帰ることを徹底しました。袋はちゃんと自社の名前がわかるよう表を向けてきっちりと揃えて置きます。私が納品に行く前と後で、その差は一目瞭然となりました。

取引先では、「えらくきれいになってるな」と気づく人が出てきて、やがて「水原が来たあとはいつもセメント置き場がきれいに整えられている」ということが周知されていきます。仕事ぶりを通じて私という人間に好感をもってくれる人が増え、信頼されているという手応えを感じるようになりました。

そしてついに、一介の配達員に過ぎない私に、「支払いのお金を預かってくれ」と持ちかける会社が出てきたのです。「いやいや、私は営業じゃありませんし、領収書を持っていませんよ」「そんなんいつでもかまへんから持って帰ってくれ」と押し問答の末、結局その場でお金を預かって帰ることになりました。帰社したときにはすでに営業時間をまわっていましたが、私はその日のうちにと、その会社にとって返して領収書を届けました。信頼には誠意で応えることが一番です。すると受け取った担当者が、その場で次の発注をしてくださったのです。もちろん運送部門の社員が受注してくるなど、前例のないことでした。

こうしたことや外部からの評判が追い風となり、ついに私は営業への転属が決まりました。そうなるとしめたものです。私は水を得た魚のようになり、どんどん注文を取ってくる優秀な営業マンへと転身しました。しかしそこで満足はしていられません。

「もっと大きな金額を動かせる人間にならんとあかん」と、私は休む間もなく知恵をめぐらせました。

ビッグチャンスをものにする立ち回り

会社の資材を、より大きな市場規模で扱ってもらわないと、いつまでたっても仕事は大きくなりません。そのためにどこに何を売り込めばいいか、どんなチャンスがあるか。私は日々、建築工事にかかわる情報をいち早くつかむべく見聞を広め、仕事につなげるために動くようになりました。

たとえば、大津市が下水道整備を実施することになったのはちょうどその頃です。工事のためにはヒューム管というコンクリートの下水道管路材が必要になります。これを押さえれば大口の注文になるとにらんだ私は、メーカーのベテラン営業マンとタッグを組んで役所やゼネコンに営業してまわり、その注文を一手に受けることに成功しました。

また、国鉄（現ＪＲ）湖西線の開通に伴いセメント需要が上がることにも目をつけました。これもまた、供給業者として発注を受けられれば相当な額となります。しかし相手は当時の国営鉄道、正攻法だけでは攻めきれません。政治力が必要だと察し、キーマンを探すことからはじめました。結果、国鉄とつながりが強い国会議員を突き止め、ターゲットとして、できる限りの手を尽くして契約を結ぶことに成功したのです。これはさすがに一社員の判断では動けなかったため、常務に「こういうことをします」と許可だけ取り、成功したときはあえて「常務の指示のおかげです」ということにして花を持たせるという計算もしました。

他にも、どこのどんな仕事をしたらより賢く利益が出せるか、そのために誰を押さえればいいのかなど、経験を積むほどにお金が動く仕組みや政治力が手にとるようにわかっていきました。いわば清濁併せ飲むことが当然とされた時代性もありますが、狙う契約を取るために根回しし、裏と表のバランス巧みに操ることができるようになったのも、この時期です。

二十代で取締役に抜擢されるも

そうして休む間もなく働き続ける一方、会社としての未来を考えると、材料販売だけでなく、工事も請け負うべきだと強く思うようになりました。建材の販売でモノを右から左に動かしているだけでは、社会情勢を考えても、業界の未来を考えても、必ず手詰まりになる。高校時代に考え尽くした経営の手法が、ここで生きてくることになります。すなわち、材料を売るだけでなく職人を集め施工とパッケージ化して付加価値をつけた別会社をつくってはどうか。この提言を会社側もすぐに採用してくれ、工事をする事業を新たに立ち上げることになりました。

そのとき、「だったら水原がその別会社の社長になれ」と言われたのですが、これは固辞しました。親族経営の会社で、そこまでの抜擢を受けるとどんな噂が流されるかわかりませんし、身に覚えのない恨みや妬みを受けるのは避けなければなりません。

しかしその代わりにと、親族外からただ一人、取締役への抜擢が決まり、社長からは好きにやってくれていいと権限委譲されました。入社から七年後、まだ二十代でのことです。その会社もたちまち軌道に乗り、実質的には経営陣のトップともいえる行動力と権力を持つに至りました。ビジネスを通じてあれこれ学ぶうちに、建築に関するノウハウをほぼ手にすることもできました。

しかし、同時に見据えていたのは「その先」でした。正直、この会社ではここまでだ、という限界を冷静に判断している自分自身がいました。しょせん雇われの身であり、力を発揮するには限界がありました。また、私の意には沿わない動きをしている他部門での赤字を、好調な私の仕事で穴埋めすることにも不満を感じていました。もっと自由に、自分がやりたいことを責任もってできる立場になりたい。仕事で実績を上げるほどに、その思いも大きくなっていきます。

時は満ちた。そう判断したのは三十代の半ば。私はついに夢に見た一国一城の主になるべく、独立への一歩を踏み出しました。

気持ちはいつも、戦国時代

この安土の地に、信長の家臣を先祖に持つ水原家に生まれたゆえでしょうか、昔から戦国時代に心惹かれます。それは、下剋上のもと、各地でのしあがった戦国大名たちが、覇権を競い合った時代。戦国大名として現代までその名を残す武将たちは、いずれも戦術がすぐれているだけでなく、領国の内政面でも独創的な能力を発揮しています。私は彼らの考え方、動き方、そして生き方そのものに学び、現代という乱世を勝ち上がろうとしました。

なかでも私自身が共感をおぼえ、あらゆる点で手本にしたのが、豊臣秀吉です。群雄割拠の時代にひときわの異才を放ち、足軽から成り上がってついには悲願の天下統一を成し遂げた秀吉は、現代のビジネス界に置き換えると裸一貫で起業し日本一の企業に成長させた創業者のようなものです。そこに至る軌跡のなかでも、最もあやかりたいと思ったのは、彼の人心掌握術です。かの織田信長の懐に飛び込んだ愛嬌と人間味、道化を演じながら人の心を読み、ここぞというときに的確な言動ができる怜悧さ。人をはげまし、安心させる人間性は、家臣団を育て上げた能力からも窺い知れます。そして彼は、運さえも味方につけました。それは決して偶然ではありません。天下を手にする運を手にするには、ご先祖さまや神仏など、自分をこれまで生かしてくれたものへの敬意、自分なりの信仰も欠かせないと思います。

戦国時代も現代も、確かな戦略のもとで多くの人を味方につけなければ明日をも知れないという意味では同じです。いかなる立場においても未来へのビジョンを描き、ブレることのないリーダーシップを持って戦い続けたいと思っています。

水原流・夢をかなえる十二か条

一、明るく素直に元気よく

挨拶は大きな声で。いつも笑顔で好印象。どんな言葉にも真摯に耳を傾け、前向きに取り組む。場を明るく和ませ人を元気にできる存在となりましょう。

二、出会いを大切に

人生は一期一会。思いもよらないつながりが、チャンスを招くこともあります。出会いの機会を逃さず、誠実に人間関係を築きましょう。

三、ファン・信者をつくれ

「応援したい」と思ってくれる人を一人でも多くつくること。思いやりと愛嬌、個性と面白み、相手の懐に飛び込む胆力。やわらかな人間性で、人の心をとらえましょう。

四、好奇心はすべての起点

心をひらき、見るもの、聞くもの、あらゆることに興味を持って知識と情報を蓄積しましょう。情報と知識はあらゆる人との交流の種に、発想の糧に、先を読む力になります。

五、知見を深めよ

情報収集力を持ち、自分に役立つものやことを瞬時にキャッチできるように。さらに得た知識や経験を取捨選択し、咀嚼する時間を持ちましょう。

六、想像力を持て

世の出来事、相手の言動の裏に何があるか。自身の言動がどうとらえられるか。深く読み考えることを習慣づけましょう。想像力は創造力にも通じます。

七、高みを目指せ

夢に導くのは高邁な精神性。目標は高く設定し、自分の位置を見極めながら今すべきことを把握し行動につなげましょう。妥協は禁物。一度妥協すると、癖になります。

八、地道に努力せよ

夢は一足飛びにかなうものではありません。ラクしようとしないこと。泥臭く、粘り強く、一歩一歩、精進を続けた体験はのちに必ず生きてきます。

九、気づきを得よ

新鮮な視点で、素直な気持ちで、物事を見直す習慣を。そこから得る「気づき」こそが、未来への可能性。誰も思いつかないこと、やっていないことに挑戦しましょう。

十、趣味で力を蓄えよ

どんなに忙しくても、心に栄養は必要。趣味はもう一人の自分と出会う旅、心の中の異業種交流。趣味を通して、心身の健康づくりと自分磨きを図りましょう。

十一、失敗を恐れるな

失敗は誰にでもあることです。踏み出すことを恐れず、挑戦する意欲を持ちましょう。また、失敗は新たなスタートでもあります。対処法次第で逆転もあり。

十二、成功するまで続けよ

負けない秘訣は、勝つまで続けることです。少しずつでもかまいません。飽きずあきらめず、信念を持ってねばり強く前に進み続けましょう。

第2章　マンケンの誕生

円満退社こそ好スタートの条件

私が独立開業に向け動き出した一九七〇年代後半は、日本の高度成長期が終焉を迎えていた時期です。それでも滋賀の建築業界はインフラの整備が活況を呈していて、社会情勢的にもまた年齢的にも、新しいスタートを切るには今しかないタイミングだと考えました。

ただ、在籍した会社と同業種の会社を興す以上は、礼を欠いてはなりません。それまで全力で社業に尽くしてきたこともあり、会社にとって手放し難い人材になっているという自負もありましたから、いかに円満に退社するかが最初のハードルでした。逆にいえば、会社側も身体を張って社業の発展に一役も二役も買ってきた人間を無碍には扱えないはずでした。ここで感情を逆撫でして遺恨を残すようなことになるのは、お互いにとって何のプラスにもなりません。

まず社長には、機を見て「そろそろ独り立ちして自分の力を試したい」と持ちかけました。さらに「このまま続けても、これ以上はがんばれません」とモチベーションが限界であることも伝えました。会社側は妥協案として「関連会社としてやっていかないか」と提案してきましたが、それでは傘下に入ることになり、自分の力を思いきり発揮することができないので独立する意味がありません。もちろんその考えをストレートに伝えるのは得策でないので、「一人で細々とやらせていただきます。別の道を行くことで、また協力させていただけることが出てくるかもしれません」と低姿勢であくまで一人でやっていくんだという意志を貫き、後ろ足で砂をかけることなく退職を認めてもらいました。

一九七六(昭和五十一)年は、そうした交渉の一方で着々と起業に必要な書類を揃え、「マンケン」という社名を決めてマークも完成させるなど、新会社の体制を整えていった年です。そして会社は年末いっぱいで退社し、年が明けた一九七七(昭和五十二)年一月八日を創業日とすることに決定しました。

社名「マンケン」にこめた思い

四文字で「マンケン」。「建築のすべて、つまり萬をやらせていただきたい」という願いをこめた社名です。

今でこそ珍しくないカタカナ名ですが、創業した約五十年前はまだ地方の企業にはほとんどなく、人目を引くものでした。私があえてカタカナを選んだのは、「これからカタカナの時代が来る」という確信を持っていたからです。当時、アリナミン、パンシロン、クラウン、ブリヂストン等々、カタカナで表現し、しかも最後が「ン」で終わる商品名や企業名が人気を博していたということがあります。

そこで私は、迷いなく「マンケン」という社名を選びました。明快なリズムで印象が強く、覚えやすく口にしやすい。すべての意図を十分に表すネーミングだと自負しています。また、この社名には「この十年の間に万を超える物件をやらせていただきたい」という目標も織り込んでおりました。それも達成することのできた、縁起のよい社名でもあります。

これからも、「建築の萬を」という当初の思いは変わることなく、ひとすじに社業に励む企業でありたいと思います。

社章のうさぎが担うもの

マンケンは創業以来、トレードマークとしてうさぎのイラストを使用しています。

実はこれ、私が小学生のときに絵画コンクールで入賞した作品をベースにしたもので、時を経てもそれなりの愛着をもっておりました。しかし企業の顔になるモチーフに、なぜうさぎを選んだのか。それには、いくつもの意味をこめています。

一、うさぎが亀に負けるという昔話を逆手にとり、それを油断大敵という教訓にしてやっていこうという誓い。

二、知恵を絞り汗を流して足で稼ぐ仕事だからこそ、うさぎのように足腰が強い企業を目指す。

三、「うさぎの登り坂」とことわざにもあるように、うさぎは前足が短く後ろ足が長いので、坂を駆け上がるのが得意であることから、地の利を得て特性を発揮したい。

四、（当時）これから迎えるペットブームを予見し、ペットのように愛され可愛がられる会社になりたい。

五、うさぎの大きな耳は情報の収集力の大切さを示す。

加えて、イラストの右手を高々と上げているポーズには「やるぞ！」という私自身の決意が託されています。

また、うさぎは十二支のひとつでもあり十二年周期で節目がやってきます。これからも、節目ごとに愛される会社かどうかをチェックしていきたいと考えています。

見栄よりも実を取る

独立開業はいわば十代の頃からの夢でしたから、方法をあれこれシミュレーションすることはもちろん、資金もコツコツと貯めていました。とはいえ決して潤沢とはいえず、何に入り用になるかわからないので、初期費用は抑えられるだけ抑えるようにしました。

社員は私と妻、ふたりきりでは心もとありませんでしたが、人材募集にもお金をかけられません。しかしたまたま私と同じ時期に会社を辞めることになっていた事務の女性と、部下であった営業の男性が来てくれることになりました。男性には、いずれは私の右腕になるくらいに成長してほしいという思いもあり、やる気があるなら一〇〇万円を出資して株主のひとりにならないかと持ちかけて、経営に加わってもらいました。それくらいの意気込みと責任感で仕事に向き合ってほしかったのです。

資本金は合計五〇〇万円。拠点に関しては、近江八幡市内にあったボロボロの空き家を格安で借り、四畳のスペースにデスクを四つ置いて事務所にしました。設備投資に使ったのは、電話三台に無線と当時は珍しかったポケットベル、軽四輪のトラックと普通トラック各一台、それから保険への加入。また、スクラップのバスを調達して座席を取り払ったものを空き地に置いて、倉庫としました。今思えばずいぶん格好悪いことですが、見栄をはって体裁を整えるよりも倹約して現金はできるだけ残しておくという考えのもと、コスト管理を徹底しました。

小さな川が合流して大きな川になるように、お金も小さなところから漏れなく一点に注ぎこむような流れをつくれば集まるべきところに集まり、やがて大きく蓄積されていくというのが私の考えです。それは今でも変わっていません。小さな無駄を見逃すだらしない体質は、いつか足元をすくうことになるという意識は、堅く持ち続けています。

「水原一夫」をふたつに割る？

もうひとつ、知恵を絞ったのが代表取締役の扱いです。株式会社マンケン設立にあたっては、「代表」二人制とし、代表取締役社長を妻にして、私は代表取締役専務を名乗りました。

このかたちをとった狙いは「水原一夫」という人間を「ふたつに割る」こと。実質的に代表を務めるのは私なのですが、営業活動でほとんど社内に居ることができません。そこで妻を取締役社長として社内に置き、会社への連絡は妻が受け、速やかに私につなぐ体制を整えました。社内と社外、水原一夫がどこにいても確実に連絡がとれ、お客さまのご要望を取りこぼすことなく受けられるよう考えた結果でした。

大げさでなく、連絡をいただいたときのレスポンスは秒を争うと思っています。求められるタイミングで応えないとチャンスを失うことになります。せっかく先方が私に電話をくれたのにすぐに話ができなかったら、同業他社に同じ話を持ちかける可能性があるわけです。私はできる限り迅速にコールバックし、必要に応じてすぐ参上できるよう心がけました。

そのためにもいつでも連絡がとれるよう、通信手段として世に出た最新のテクノロジーはなんでも一番に取り入れました。最初は無線やポケットベル、すぐに採用した自動車電話もずいぶん珍しがられましたし、出たばかりの大きな携帯電話をいち早く活用していたことも思い出されます。

初年度の売上げ目標は一億円。達成のために、こうして人の倍どころか四倍五倍と飛び回りました。

得意先への「種蒔き」も抜かりなく

また、取引先については、少しでも早めに種を蒔いておかないことには、望むように芽が出ません。創業に先立つ一九七六年の年末には、清酒をトラックいっぱいに積み、自分が担当していたお客さま百社ほどに挨拶まわりを済ませました。

この百社という選択も、前の会社への影響、感情に配慮してサジ加減しています。親元の顔を立て、その旗を倒さないことが重要で、誤って恨みを買うことになれば、のちのちの活動の妨げになります。

選んだ百社は、私が頭を下げてゼロから開発してきた取引先でした。もし私が設立した新会社についてきてくださることになっても「これは仕方ない」と思ってくれるだろうという範囲です。逆に「水原が持っていった分、こちらも新しい気持ちでがんばろう」という刺激になればいいなという思いもありました。

もちろん挨拶にまわった全ての会社が私に仕事を発注してくれることは期待していません。それなりに良好な関係を築いてきたので、四割くらいはお声がけいただけるのではないかという目論見はあり、最終的にはそうなりましたが、そこをあてにするわけにはいきません。新会社の先行きは、どれだけ新規開拓できるかにかかっていると覚悟を決めていました。

あふれ出るアイデアを全て実践

新規開拓にあたって、何よりも大切なのは人間関係の構築であると思ってきました。たとえば取引先が大手ゼネコンであっても地域のA社であっても、発注をするのは会社ではなく担当する「人」です。取引先決定の権限を持つ人こそが、私にとってのキーマンであり、ピンポイントで売り込む相手です。

営業活動は、まずピックアップした取引先候補をずらりと並べ、情報収集してそれぞれのキーマンが誰であるかを突き止めることからはじめました。次に一人ひとりの社内での役割はもちろん、来歴から生年月日や住まい、趣味、家族構成などの個人情報に至るまで細かなプロフィールを調べ上げ、書き込んだカルテのようなものをつくりました。そうすれば、攻め方がわかりますし、つきあいが軌道に乗り、営業を番頭に引き継いだときもこの情報をもとに指示を与えられます。個人情報に関しては、今では探ることも活用することもＮＧとなっていますが、その頃は営業戦略に欠かせないものでした。

ここで肝となるのは、私という人間をいかにして売り込むかということです。コンスタントに仕事をいただくようになるには、キーマンとなる人に私のファン、もっといえば信者になってもらわなければなりません。根底にあったのは、子ども時代の訪問販売の体験です。あのときのお客さまの笑顔、歓迎ぶり。あんなふうに来訪を心待ちにするほどに親しみを持ち、可愛がっていただけるようになろうと思いました。どうしたら面白い奴だと好きになっていただけるか、おつきあいいただけるか、こいつにならと仕事をまかせてみようと思っていただけるか。得た情報をもとに、私はターゲット一人ひとりに適した「攻め方」を練りました。

まさに四六時中、頭のどこかで考えていましたね。日中、車を運転しているときでも何か思いついたら書き留めたり、手を離せないときは吹き込んだりもできるようポータブルの録音機器もいち早く購入して持ち歩きました。夜が来て横になっても枕元にメモとテープレコーダーを置いて、はっとアイデアが浮かんだら起き上がって記録しました。時間を置き冷静に見返して、これはよいと思えれば、すぐにでも実行します。こうして日中は間断なく移動し人に会うスケジュールのなかで知恵を絞り、チャンスを見つけては新しい取引先候補のキーマンに、あらゆる手段を使ってアプローチし続けました。

ファンづくりのあの手この手

具体的にどんなことをしてきたか、少しお話ししましょう。繰り返しますが当時と今では個人情報のあり方や人とのつきあい方がまったく異なるので、今では考えられないことばかりかもしれません。しかし当時は、心理的にも物理的にもターゲットの懐に飛び込むことが、できる営業マンの常套手段でした。私の奮戦を、こんな時代もあったのだととらえていただければ幸いです。

まずキーマンの情報を集め、コミュニケーションのきっかけ、つまりはアプローチの口実を見つけたら、会社ではなくご自宅まで伺います。たとえばお誕生日には、お祝いの贈りものを持ってご自宅を訪ね、ご本人がいらっしゃらなくても奥さんに手渡します。ご本人だけでなく、奥さんやご家族の誕生日にちょっとしたプレゼントを持っていきます。もちろんお中元やお歳暮など、季節の挨拶も欠かせません。これで少しでもご本人と話せたら儲けものですし、あせらなくても「持参した」という事実を積み重ねることで意味が出てきます。

贈りものも、ご本人やご家族の趣味嗜好をリサーチして、本当に喜んでいただける気の利いた逸品、お酒好きの人、甘党の人、それぞれの好みに合ったものを選びます。美味しいと評判の数の子を軽トラいっぱい仕入れ、配って歩いたこともありました。ものに限らず、野球観戦のチケットや、のちにはじめることになったゴルフのお誘いなど、一番喜んでいただけるものを的確に選び出すテクニックには長けていたと思います。

さらに昇進や叙勲、資格取得などおめでたい情報を聞きつけると誰よりも早く駆けつけることが重要です。どこよりも大きな鯛を用意して心からの祝意を示すとともに、

「どこまでもついていきます！」と意思表明する機会になります。これまでに贈った鯛は百尾をゆうに超えます。

そうしてことあるごとにご自宅に伺ううちに、奥さんから「あの人感じがいいわね」と思っていただければしめたものです。企業人はみな会社では甲冑をつけているようなものですが、家は甲冑を脱いでリラックスする場。そこで隣にいらっしゃる奥さんに向けて、いかにご主人が活躍されているか、素晴らしい人であるかをまくしたて、気をよくしてもらう。話題を相手に合わせて選びながら、話すごとに親しみを深め、ファンになってもらうのです。そうすればそのキーマンの家が私の「陣地」になります。

また、こんな言い方は語弊がありますが、お悔やみもビジネスチャンスでした。当時は葬儀も盛大に執り行われていましたので、ご家族の訃報が入れば必ず駆けつけることです。多くの参列者の中でも、「来ています」ということを認識していただくため、必ず喪主の前に位置をとるようにします。また、つきあいの濃い人の姿も必ず確認し目礼しておくとともに、どんな同業他社が来ているかも観察するようにしていました。

年間七十回の温泉旅行で人脈を広げる

見方を変えれば、マンケンの取引先となる大手建設会社やゼネコンの仕事は、下請けで成り立っています。ひとつの建築物ができあがるまでに、少なくとも二十数社が集まります。それを利用しない手はありません。私は、同じ建築関係でもたとえばサッシや畳、ガラスなど、競合しない発注先の人たちと交流して、情報共有に努めました。なかでも力を入れたのは、キーマンの動きをじっと観察し、つきあいが古く懇意にしている外注先をリストアップすることでした。それがわかると、うまく接触して仲良くなり、徐々に接点を広げて最終的にはそのグループに入れてもらうように動きました。ここでも下請け業者のキーパーソンを見極めることが大切だったわけです。

また、建築業界や関連する業界、各分野の重鎮が名を連ねるさまざまな協力会への参加も、人脈を広げるのに有効な手段でした。私は多いときで七十二もの団体に入っていたことがあります。当時は総会や慰労会で、それぞれに温泉旅行が開催されるのが普通で、年間トータル七十回ほどになりました。しかしこれこそ自分をアピールするチャンスの場なので、欠席だけはしたくありません。可能な限り顔を出すべく、温泉から温泉へハシゴしたこともあります。慰安旅行のシーズンには、癒されるどころか湯あたりするほど温泉に入る日々が続きました。

宿泊先で必ずおこなわれる宴会においても、まず座る場所をよく考えて位置取りをします。若い会社のくせにとバッシングをうけない下座でありながら、キーマンが出入りするときに顔を見ていただけるような場所を選ぶのです。そういう会にはつきものの宴会芸も、あまり出過ぎず、それでいて少しだけ感心してもらえるような安木節や黒田節、マジックなどを場に合わせて披露します。ちゃんと礼儀をわきまえて一歩へりくだることを忘れず、絶対に調子に乗ったりはしません。マンケンの経営者が自ら参加していることを印象づけ、「なるほどこういうこともするのか」と思っていただければ、それでいいのです。風呂場でこれぞと思う経営者に会えば、率先して背中を流します。当時勢いに乗っていたひとまわり以上年下の経営者の背中を流しながら「社長！ついてきてよかったです」と感激を伝えたこともあります。マンケンの水原を覚えていただくためだと思えばどんなこともできました。

一方、私が副会長や会長を務めた協力会では、メンバーに酌をしてまわるだけで一升五号くらい飲むことになってしまうので、宴会の前後にたらふく水を飲み、なおかつお酌を受けた酒を気付かれないようにうまく徳利の袴にこぼすなどしてできるだけ身体に負担をかけない対策をして臨みました。会から会へ、タクシーを待たせておいて乾杯のあとすぐ次の会場に移動することも、夜中のうちに別会場に移動したこともよくありました。気をつけていたとはいえ、よく身体がもったものだと思います。

仕事のためなら土下座も厭わず

仕事が欲しいのは同業他社も同じですから、効果のある攻め方は、やがて真似されます。差別化する点があるとすれば、やはり私という人間を売り込むことしかありません。仕事を発注していただくまでが真剣勝負と肝に銘じ、どんなときも、どんな相手にも、その人のために自分ができる思いつく限りのことを誠意こめて実践すること。そこに嘘やごまかしは一切ありません。

あとはどれだけ伝わるかです。やりすぎると卑屈になるし、人間としての価値が下がってしまいます。「ここまでしてくれるなんて、可愛い奴だ」と思っていただけたらどんな苦労も報われますが、「こんなことまでするなんてアホな奴だ」とレッテルを貼られてしまうと、逆にもらえる仕事ももらえなくなります。手あたり次第、誰にでも頭を下げるのではなく、自分のやり方が通じると見込んだ相手にだけ手の内を見せます。

相手の懐にうまく飛び込んだつもりでも、かけひきもあるので、すべてがうまくいくわけではありません。その点は、引き際もわきまえました。また体力にも限界がありますから、必要以上に削られないようにすることも大事です。相手によってどこまで攻めればよいか見極める力、いわゆる選択眼をしっかりと持つようにしました。

また、口約束だけでは土壇場でひっくり返ることもあります。「あのときああ言ってくださったのに」は、証拠がないと通用しません。そんな苦い経験をしてからは、どんな場所で契約を取り付けても、必ず注文書をもらうことを鉄則にしました。たとえば居酒屋におつきあいしている場で発注を決定されることも少なくありませんでしたが、そういうときは名刺の裏にでも一筆もらいます。それを持ち帰り、興奮が冷めやらないうちに職人たちに見せて「みんなの仕事をとってきたぞ！」と叫ぶように告げると、「よしやろう」「楽しみやな」と士気も大いに上がります。一筋縄ではいかない取引先を相手に、持ち出しでも赤字でも、とにかく仕事をとってくること。それは職人にとっても、嬉しく張り合いのあることだったのです。

自分がみんなの生活を担っていると思えばこそできた、営業活動でした。ときには早朝のご自宅前や会社前の路上で相手を待ち構え、「どうぞ職人を助けてやってください、頼みます、この通りです」と土下座して仕事をもらったこともあります。なりふりなどかまいませんでした。それで仕事がもらえるならばお安い御用です。私にはいつも、なんとしてでも職人を食わせていくという気迫がみなぎっていました。

長く続けていける仕事を幅広く

話が前後してしまいましたが、肝心の業務内容のお話もせねばなりません。「建築に関する萬（よろず）のことを＝マンケン」と名付けた社名のとおり、どんな仕事も手がけていくつもりで、当初は前の会社で扱っていた建物の軽量下地からスタートしました。

次に目をつけたのが軽量の屋根です。当時、まだ屋根といえば日本瓦のイメージでしたが、この先はもっと工場が増えていくに違いないと確信していました。現に滋賀県にも、工業団地が次々と生まれていきました。工場の屋根となると、より簡易に利用できる素材が選ばれます。

そこで目をつけたのが、コンクリートで薄く仕上げた人工のスレート屋根でした。市況を確認すると、スレートを製造する機械の株も上がっていました。早く安価ででき長持ちするスレートの屋根工事は、どんどん需要が高まることを確信しました。

当時はまだ新しい素材であったスレートについてはまったく知識がなく、素人同然でしたが、それなら知識と経験のある人の手を借りようと考えました。扱うと決めるとすぐに目星をつけた人に出向で入ってもらえるよう話をつけ、工事の仕方はもちろん、販売方法や職人の育て方まで、ゼロから教えてもらいました。それがやがてはオリジナルのノウハウとして蓄積されていきます。このように、わからないところは人の力を借りながら動かし、大手ゼネコンの仕事を受けるようになりました。

ここからは創業期より少し先の話になりますが、やがて屋根工事は天候に左右されること、職人が高齢になると高所での作業は危険なことなどもあり、みんながずっと仕事を続けるにはこれだけに絞るのは難しいと考えて、内装を手がけはじめました。ちょうど水まわりやリビングなど住居の内装にどんどん女性の好みが反映されるようになり、多様化してきた時代と重なります。その波に乗って、社名どおりに対応できる仕事を広げ、新しい得意先を獲得していくことになりました。

質の高い職人の育成へ

また、マンケンを選んでくださったお客さまと長くおつきあいしていくには、他社とは異なる魅力を感じていただくことが重要です。その部分をどんな仕事でどう追求していくか、本当に求めておられること、喜んでくださることは何か、それを実現するためにどう動けばいいのかということも、始終考え続けていました。

たとえば工事をただ請け負うだけでなく、図面に強くなって、建設業者さんからのちょっとした注文にもその場で応えられる能力をつけることもマストになると思い至りました。こうして現場の要求によりきめ細かに対応することができれば、それだけクライアントも仕事の負担が減り、より頼りにしていただけるようになります。当時そんなことができる外注業者はほとんどいませんでした。

仕事の質を高めるには、職人の質を高めるしかありません。どんな仕事が来ても十分に現場をまわしていける人数に加え、技術的にも人間性的にも信頼して仕事を任せられる職人を一人でも多く確保することは、切実な課題でした。そこで私が考えたのは、若手の採用でした。

というのも、当時の職人は完全な年功序列で、年配の人を中心に仕事がまわっていました。年を重ねるほど経験も豊富で、仕事ができるという考えが常識とされていました。しかし彼らの風紀はお世辞にもよいとはいえませんでした。そのころは思い思いの服装に雪駄履き、くわえタバコで仕事をするのが普通。横柄で態度が悪いと、施主さまが怖がっていたくらいです。頼みたいことがあっても言いづらい、コミュニケーションが取れない、今では考えられないことですが、当時は疑問を呈する人もいなかったこの現場の空気を、私は変えたいと思っていました。

そこで新しい採用方針として、若者をどんどん入れることにしたのです。当初は作業がおぼつかなくても、的確に教えさえすれば技術を身につけるのが早いしマナーや仕事への向き合い方も固定観念がないぶん、素直に受け入れてくれます。

企業としての舵取り、営業努力と同様、仕事の中身で信頼を築いていけるよう、職人の確保と教育にも心血を注いだのでした。

水原式・人材確保作戦

こうしてマンケンでは若い人材を育てモラルを身につけさせるとともに、安心して現場を任せていただくためのルールをあらゆる面で徹底しました。「現場に行く一人ひとりがマンケンの顔」という考えのもと、ヘルメットも含めた社名入りの制服を全員に支給し、現場ではきちんと身につけて作業すること。朝は元気よく挨拶をしてラジオ体操からはじめ、いつも礼儀正しくふるまうこと。ケガには注意をして安全に仕事をし、毎日、仕事が終わったら漏れなく点検して、現場を掃除しきれいにしてから帰ること。最後も自主検査をしてプロの目でしっかりできているかを確認してから引き渡しをすること……などなど、業界のなかでもいち早い取り組みがほとんどだったと自負しています。ちょうど労働基準監督署が現場をパトロールするようになった頃で、「ゼネコンの下請け会社がこんなにちゃんとしているなんて」と驚かれたこともありました。そうしたひとつひとつの取り組みが実り、マンケンの好イメージを醸成していきました。

もちろん職人の待遇に関しても、他社と差別化し本人たちの意識も高められるように工夫をしました。当時、職人の賃金はたいていが「日当」、つまり「その日払い」で、できようができまいが、一日働いて時間になるとお金を受け取って帰ることになっていました。これをマンケンでは「出来高制」としてシステム化しました。たとえば平米やメートルなど、仕事量を数値に置き換え、作業量に応じて賃金を支払うようにしたのです。もちろん検査に通る丁寧な仕事が前提です。

給料制の場合は、普通は二十日締めの翌月末支払いが普通だったところ、思い切って二十日締めの二十五日払いを実現。しかも当時は手形で給料を支払う会社もあったなかで、かならず現金支給。これなら、月末の支払いに間に合うと、職人本人はもちろん、奥さんたちにも大好評でした。

また、労災保険もかけ、上積保険に関しては半額負担してもらうことで、しっかり保障する代わりに職人がよそにいかないような縛りにもしました。万が一にも備える手厚い待遇は、家族の安心にもつながりました。

こうした取り組みは会社の内情的にも大変でしたが、評判になって、人を集めるときの大きな強みにもなりました。

職人たちとの絆をつむぐ

それでも特に年度末の繁忙期になると、職人の数は圧倒的に足りなくなります。当時、公共事業は年度末になると駆け込みの仕事が集中し、どこも職人の確保に血眼になっていました。

そこでマンケンでは近畿圏に限らず、遠くは北海道や奄美大島からも人を集めました。なかでも成果が得られたのが、北海道です。冬場は雪に閉じ込められ、仕事がないという話を聞き、季節工として採用できたらと呼びかけをはじめたのが最初です。経験がない人でも、毎年十一月後半から四月頃まで定期的に来てもらえるなら、仕事も覚えられ貴重な働き手になるだろうと思ったのです。

当初は片道の船賃と宿泊施設の料金を負担して来てもらいましたが、やがて専用のマンションを会社で建てて用意しました。それがのちのマンション事業のルーツにもなりました。こうして毎年四、五人は安定して来てもらえるようになりました。正直、給与面だけをいえば関東のほうがよいそうですが、ありがたいことに「マンケンだから」と来てくれる職人とのご縁が長く続き、たいへん助かりました。

もちろん私なりに努力もしました。ご家族のことを心配して電話をかけるように促したり、お金をちゃんと家に送ったか再確認したり。そういった気遣いがふるさとの奥さんにも響き、毎年快く夫を送り出してくれたのだと思います。その奥さん方を招待して交流を深めたこともありました。職人からふとした折にかけられた「マンケンは気持ちが通じ合えるのがいい」「仕事だけでなく、あらゆる面で面倒見がいいので安心できる」などの言葉からも、お金だけでない信頼関係でつながれた満足を感じています。

十年で売上げ十億円を達成

「三六五日仕事をもらえるようにするには質を高めること」という信念のもと、実行した数々の取り組み。私の読みは当たり、一度仕事をさせていただいた会社からは、途切れることなくお声がかかるようになりました。非常にありがたいことで、「不況を知らない職人」というテーマで講演の声がかかったこともあります。

ひとつひとつのやり方はときに地を這うように泥臭く愚直でもあったと思いますが、社名決定とともに、十年先を見越して設定した「万を超える物件を」「売上げ十億円」という目標も、達成することができました。創業十年で手にした月間八十件、年間一万物件を扱い売上げ十億円という数字。しかし、しみじみと感慨に浸っている暇はありません。

その頃には抱えている職人は約四十五人。これだけの人数を食べさせるためには最低でも月に六十か所の現場をまわしていくことが必要で、すべてを統括管理するには水原一夫がふたりいても間に合いません。他の業務がパンパンに詰まった平日には動けないので、日曜になると助手席に子守を兼ねて長女を乗せ、すべての現場を車でまわることにしていました。結局は休日の夕刻まで費やすこともありましたが、思えばこれが唯一といっていいくらいの家族とのふれあいの時間でした。

常に仕事のことで頭がいっぱい、常に情報を取り入れながら全力で走り続ける私の経営者人生は、まだはじまったばかりでした。

運を味方につける五か条

一、自分を信じる

今居る場所を照らすのは、ポジティブなエネルギー。まずは「自分は運がよい！」と信じ、自己肯定感をもって何事も前向きにとらえること。いつも明るく機嫌よく。

二、よい「習慣」を身につける

早起き、朝一番の仕事、心と身体のケア etc.……よいと思ったことはとにかく続けることが肝心。習慣、ルーティンとして身につければ継続できます。

三、縁は幸せへの数珠繋ぎ

人を大切にする人は、自分も大切にされる人。さしのべた手は、まわりまわって、いつかわが身を助けることもあります。

四、選択眼を持つ

パワーの使い所をわきまえること。見極める目を持ち、ここぞというチャンスをとらえて全力で振り抜くことで、大きな飛距離が狙えます。

五、いつも感謝の気持ちを

人は一人の力で生きているわけではありません。まわりの人々に、見えざる力に、生かされているという謙虚さを忘れずに。「おかげさま」の気持ちを持ちましょう。

運は自ら切り開くもの。日頃の心がけ、行動こそが大切です。

コツコツと、ときには派手に絶え間ない社会貢献活動

わが滋賀県に、時を超えて受け継がれるのが、近江商人の「三方よし」、すなわち「売手によし　買手によし　世間によし」の精神です。企業の社会的責任が重視されるようになった現代では、滋賀というよりも、日本にあるすべての企業が規範とすべき精神といえるでしょう。

私自身は、戦争遺児という逆境から人生がはじまった経緯があり、まっとうな人生へと導いてくれた家族や周囲の人々、環境への感謝を胸に生きてきました。さらには安土城下に織田信長に仕える佐々木氏家臣として入植し四百年以上の歴史を受け継いできた水原家の当主としての自覚は、ふるさとへの誇りと愛情、先祖への敬意となって心に根づいています。努力もチャレンジも、それができる環境にあってはじめてできること。だからこそ、どん

なよい結果を得ても、自分ひとりの力と奢るのではなく「おかげさま」と思う気持ちを大切にしています。少しでも成果を手にすることができれば、利益を決して独り占めせず、さまざまなかたちで社会へ還元すべきだという考えをずっと持っていました。一方で自分自身の存在でお役に立てることがあればと、仕事がどんなに忙しくても地域や子どもの学校のPTA役員、また出身校の同窓会役員など、さまざまな役職を買って出ました。

こうして感謝の心を表現しさまざまなかたちでご恩返しをしていくことは、自分自身が前を向き力強く生きていくためのモチベーションでもあります。また、ふるさと安土町への深い愛もあり、なんとしてでもこの地を盛り上げていきたい、素晴らしさをもっと世に伝えていきたいとエールを送り続けています。

究極の祈りは、平和で誰もが笑顔になれる社会実現。機会あるごとにその場で自分にできる最大限のことを考え、迅速に行動に移すことがモットーです。何よりも継続は力なりと信じています。
以下に社会貢献活動の一部を列記しておきます。

一九八四（昭和五十九）年　八月　自治会長
一九八五（昭和六十）年　四月　大垣女子短期大学ＰＴＡ役員
一九八九（平成三）年　十月　安土町行財政検討民間部委員
一九九二（平成四）年　四月　滋賀県立能登川高等学校ＰＴＡ役員
一九九二（平成四）年　五月　ローマ国際交流使節団（町花植樹）
一九九七（平成九）年　八月　滋賀県立野洲高等学校同窓会副会長就任
一九九八（平成十）年　十月　秋篠宮妃殿下より日赤全国有交章受章
一九九八（平成十）年　十月　北海道上の国町友好親善（町花植樹）
二〇〇〇（平成十二）年　十月　滋賀県遺族会会長賞受賞
二〇〇三（平成十五）年　四月　安土町遺族会会長就任
二〇〇四（平成十六）年　十二月　ローマ、マントヴァ国際交流使節団（ローマ教皇ベネディクト十六世謁見）
二〇〇七（平成十九）年　五月　西性寺新築落慶法要役員

二〇一三（平成二十五）年　三月　沙沙貴神社　平成の社頭整備委員会副会長
二〇一三（平成二十五）年　三月　東日本大震災福島復興にマンケンマーク「泣いても笑っても一日」の兎のシャツ一二〇〇枚を配る
二〇一四（平成二十六）年　五月　靖国神社感謝状
二〇一九（令和元）年　十二月　滋賀県平和祈念館において『遥かなる時を超えて』一一〇冊・五郎作遺品寄贈
二〇二〇（令和二）年　四月　滋賀県三日月知事へ安土城曲面油彩画を寄託
二〇二〇（令和二）年　十月　日本赤十字社へコロナ対策活動資金を贈呈
二〇二〇（令和二）年　十月　ＮＰＯ法人「夢国老人」へ金一封贈呈
二〇二〇（令和二）年　十月　「スペシャルオリンピック日本、滋賀」へ金一封贈呈
二〇二〇（令和二）年　十月　社会福祉法人きぬがさ福祉会へ金一封贈呈
二〇二一（令和三）年　一月　紺綬褒章受章
二〇二一（令和三）年　五月　厚生労働大臣感謝状
二〇二一（令和三）年　十一月　滋賀県護国神社感謝状
二〇二二（令和四）年　十一月　創設者傘寿の会・マンケン創立五十周年

第3章　厳しい時代を勝ち抜く知恵

好景気の波に乗る

バブルの最盛期に十周年を迎え、滑り出しはいたって順調。滋賀県ではボーリング場、体育館、大型スーパーなどの建築ラッシュが続き、仕事は増える一方でした。しかし、仕事が増えることは養う職人も増えること。リスクヘッジの意味でも得意先は多ければ多いほどいいと思っていましたから、どれだけ業績が安定しても、営業活動の手をゆるめることは考えませんでした。

創業から十年後には、新たにゴルフもはじめました。得意先とのおつきあいにゴルフがはずせないことはわかっていつつ、なかなか取り組む余裕がなかったのですが、新しいステージに行くには今やるしかないと、なんとか時間を捻出しました。

練習してプレイができるようになるのは当然として、ここで大事なのは接待に使えるようゴルフクラブのメンバーになることです。もちろん、誰もが知る名門クラブでないと意味がありません。しかもバブルが全盛期を迎えていた当時は名門クラブほど入会へのハードルが高く、お金を出すだけでは認めてもらえませんでした。支配人が実際にハーフを一緒にまわり、細かくマナーまで見てクラブにふさわしいか判断するという念の入れようだったのです。努力してなんとかこことと思うクラブのメンバーになることができました。

そうなると、たちまち得意先の人々の休日である土日は、ほとんどゴルフの接待で埋め尽くされることになりました。多いときでは年間一千万円ほどゴルフにつぎこんだこともあります。バブル崩壊前は、決して珍しいことではありませんでした。派手に接待して、どんどん仕事をとる。相変わらず寝る間も惜しむハードワークの末、バブル崩壊直前の年間売上げは約十六億円まで上昇しました。

不況を逆手に取って成功

バブル崩壊のはじまりは一般的には一九九一（平成三）年といわれていますが、滋賀県の建築業界に影響が及ぶまでには、少しタイムラグがありました。危機感をおぼえながらも、まだ大丈夫という状態が続き、じわじわと厳しくなってきた印象です。やがて確実に来る本格的な不況にどう備えるか、私は常に身構えていましたが、どこからどんな形でそれを実感するのかは、未知数でした。

最初にこれは大変だと思ったのは、主要な資材が手に入りにくくなったことでした。なかでも私たちの仕事に欠かせない、断熱材のグラスウールは、全国どこを駆け回ってもまったく手に入らない状態になりました。このままでは建築がストップしてしまう。あらゆる手を尽くして情報を集めていた私は、お隣の韓国にはグラスウールが豊富にあることをいち早く知りました。あとはスピード勝負、迷う時間はありません。持てるだけの現金をもって自ら韓国に渡り、船いっぱいのグラスウールを仕入れてくることに成功しました。

どこを探してもなかったグラスウールが、「マンケンにならある」という事実は、たちまち業界で噂になりました。それだけで仕事が発注してもらえ、少々割高でも頼み込むように仕事が舞い込みます。有利な条件で現金取引ができて潤い、品薄というピンチをチャンスに変えて乗り越えることができました。

困ったことといえば、それだけ大量のグラスウールは嵩が高く収納場所がなかったことです。私は滋賀県に点在する牛舎に目をつけ、屋根に架を置いて置かせてもらったり、空いた牛舎をお借りしたりして保管しました。このあたりには農家の知恵でもありますね。

つらい時代を乗り越えた策

一九九四（平成六）年にもなると、さすがに仕事が減っていき、売上げは十二億五千万円まで落ち込みました。とにかく売上げを落としてはならないと、安くてもなんでもやみくもに仕事を受けまくると、そこそこの売上げは確保できても赤字になってしまいました。

しかし何より一番苦しかったのは、職人たちが手持ち無沙汰になるほど仕事が減ってしまったときです。それでもなんとか仕事を確保して、職人たちが食べられるようにするのが、経営者としての責任です。苦肉の策で、頭を下げて本業ではない道路工事や旗振り、倉庫管理など、あらゆる仕事をいただいてきました。しかし、職人にもプロとしてのプライドがあります。「こんな仕事はできない」と突っぱねられることもありました。そこを「何をしてでも働かないと収入もなくなる。この状態は長くは続かないから、どうかつなぎのつもりでやってほしい」と説得しました。「絶対に本業に呼び戻すから、信じて待っていてほしい」と。みんなのためにも、会社をもとの状態にまで戻したい。そんな私の気持ちを汲んでくれる職人は、少なくありませんでした。

その後、景気が戻ると、なんと職人の九割は本業に戻ってきてくれたのです。私を信じて待っていてくれたんだと思うと感慨無量でした。それからも、息子やその孫まで、二代三代とマンケンで働いてくれる職人がいるのはとてもありがたく、誇らしくもあります。また私のやり方が間違っていなかったんだという自信にもつながりました。

本当に苦しかった時期は二、三年で終わり、ダメージを最小限にとどめ後遺症なく立ち直ることができたのは幸いでした。

銀行との良好な関係

景気が悪くなると、懇意にしてきたはずの銀行も手のひらを返してくる……というのは、よく耳にする話です。しかしその点でも、幸いなことに私は嫌な思いをすることがありませんでした。

銀行とのおつきあいについては、創業時にさかのぼってお話する必要がありますね。開業にあたって、大きな商売をするには銀行も大手とつきあうべき、と意気込む経営者がほとんどかもしれませんが、私がメインバンクに選んだのは、地元の近江八幡信用金庫（現・滋賀中央信用金庫）です。自社の体力に合わせ、見栄をはらずつきあえる銀行をパートナーにしたいと思ってのことです。大きな理由は、銀行に振り回されたくなかったことです。いつでもこちらの手の内はすべて見せ、隠しごとをしない代わりに、銀行に主導権を握られその采配で動くこともしたくない。自分の会社として、守るべきものは自分で守ると線引きをしたかったのです。その意味で、ずっと私たちは対等だったと思います。地道に信頼関係を重ねると、融通もきくし、お互いに頼みごともできる。持ちつ持たれつで良好な関係を築いてこられたと思っています。

余談ですが、私が高校の同窓会をしていたときに会長になった人が本店のナンバー2だったというご縁もできました。それくらい親しみがあって、こちらからも応援していきたいと思える金融機関でした。

バブル崩壊後、経営が苦しかった時期も余計な心配をかけないようにと、もらった手形は一切割らず、そのまま渡すようにしていました。するとそれを担保のように思ってもらえ、経営の安定をアピールできます。そういった戦略もあって、過分な要求をされることは一切なかったですね。

情けは人のためならず

一方、信頼をしていた取引先が不渡りを出してしまったときのことは、強烈な印象として残っています。債権者集会に私が駆けつけた時点で、すでに多くの出席者が押しかけて凄い騒動になっていました。頭を下げる社長を、集まった人々が激しい口調で攻め立てています。私はその様子を見ただけで、いたたまれない気持ちになってしまいました。過去にはよい思いをさせてもらったこともあるだろうに、そんなつきあいはなかったかのように、一方的に罵詈雑言をぶつける姿は、正直醜いものでした。私の会社にとっても厳しい不渡りではありましたが、その立場から見てもここまで袋叩きにする必要はあるのだろうかと思い同情をおぼえたのです。

そこで、社長が席を立ちトイレに向かったタイミングで、私もこっそり後に続き、そっと声をかけました。「大変でしたね。私はここで失礼しますが、身体だけはおいといくださ い」とねぎらい、静かに立ち去りました。社長にしたら、その日初めて耳にした情のある言葉だったのではないでしょうか。

それから半年後、負債を肩代わりする会社が出てきて、その会社は見事に再生しました。マンケンからの負債は、社長の口利きでどこよりも早く返済してくれ、その後もよい仕事を優先的にまわしてくれるようになりました。あのとき社長の苦境をまったく思いやることなく攻撃した人々がどのように扱われたかは、推して知るべしです。

結果は思いがけない幸運でもありましたが、経営者として自分のとった行動が間違っていなかったと確信する経験でもありました。

かかわりたくない相手とは

前章でもふれましたが、対取引先でも、また社員や職人相手でも、長くつきあうにあたって「人」を見ることは基本と考えています。もちろんビジネスにすべて情をからめることはしませんが、どうしても譲れない一線があります。許すことができないのは、自分さえよければ他人のことはどうでもいい人、人との関係を平気で壊すような人。このような人間も、そういう体質がある会社も、おつきあいするのはこちらから願い下げです。

たとえば図面が変わって追加工事になって大幅に費用が増えたにもかかわらず、変更前の金額しか用意してくれない会社。先方にも事情があるので、一回なら今回だけはとあきらめますが、それが繰り返されれば、つきあいを断つことにしています。

相手がどんなに大企業であっても、血も涙もないと思った得意先に関しては、噛み付くプライドを持っています。「それはないんじゃないか」と言いたいことをはっきりと伝え、相手に聞く耳がないとわかれば「こちらから願い下げ、二度と取引はしない」と宣言して縁を切った得意先もあります。そういう頑固なところは私の反省点でもあるのですが、社員や職員を守るために、譲れない一線もあると思っています。

建築という柱を支えるために

またバブル崩壊、その後のリーマンショックなど、日本経済が大きな打撃を受けた危機につくづく思ったのは、建築業界で残っていくには、「柱」を増やさなければいけないということでした。建築という屋台骨はこれからもしっかり支えていきたい。しかし、社会情勢によって揺らぐことがあります。そこで倒れないためには、別の柱も立てたほうがいい。そう思って、常に情報収集したりいろんな人と話をしたりして、これからはどんな職種がいいかを寝ずに考えた日々もありました。重視したのは、衣食住、地域の人々の暮らしになくてはならないものを提供するということです。

勝算が見出せれば、スピーディにトライすることを身上としました。教育、飲食、サービス、不動産、保険……ジャンルだけでも多岐にわたりますが、それぞれに勉強して必要な知識を得、準備は万全に整えて新規事業として立ち上げました。うまくいって現在まで継続しているものもあれば、最初はよかったのに徐々に悪くなっていったもの、残念ながら読みがはずれて手応えのなかったもの、さまざまでした。

柱を増やすということは、そのぶん人も増やさなければならないので、負うべきリスクも大きくなります。あくまでも本業を支えるためのものなので、ここで負債を出すようでは意味がありません。大切なことはダメだと思ったらダメージが大きくならないうちにやめるというタイミング。常に冷静な目でジャッジすることです。最終的に撤退した新規事業も少なくありませんが、引き際をわきまえていたおかげで効率よく儲けることができ、本業に響くほどの損を出したことはありませんでした。

負け惜しみでなく、やったことはすべて楽しかったし、経験はすべて勉強になりました。話題もそれだけ豊富になるし、無駄なことは何ひとつなかったと思っています。

ただ、同じ苦労を現社長の息子にはしてほしくないという思いもあります。

大切なのはピンチの捉えかた

さまざまな経験を積んできて思うのは、危機は思わぬところからやってくるということ。それをいかに迅速に察知して、対処するかが生き残りの鍵ともいえます。たとえば取引先の不渡りも、それなりの予兆はあるはず。それをできるだけ早く察知し、取引を見直すタイミングが早ければ早いほど、被る被害を抑えることができます。いつも情報を収集し、取引先を見極める目を持っておくこと。経営者として、どんなに順調なときも「この先何が起こるかわからない」とある意味悲観的に未来をとらえ、あってはならない何かに備える気持ちを持つことが大切だと思っています。そしていざというときに冷静な判断を下せることが、会社を救います。

大なり小なりのピンチは必ずあります。そのときは、悲観的になるのではなく「ピンチこそチャンス」ととらえて知恵を駆使して乗り切ること。そのためには、常に努力をしていることが肝心です。下がらなければ、横ばいの期間があってもいいのです。ただ、「今はまわりも横ばいだからうちがダメでも仕方ない」と納得していては絶対にダメです。現状に甘んじるのではなく、そういうときこそ必ず次のステップアップのために爪を磨き続けてほしい。次の波が来ることをいち早く察して一番よいタイミングで乗れるよう、体力と気力を充実させ、勘を磨いて準備すること。すると必ず、右肩上がりの時期を迎えることができます。マンケンは、こうして成長を続けてくることができました。

そして創業から約半世紀を経た今、マンケンの年商は創業時に掲げた目標の三十倍の三十億円（グループ）。国土交通大臣許可の建設事業者として、全国各地に拠点を置いての幅広い営業展開ができるまでになりました。

より深く思いを共有したい

必死で走り続けてきた日々をあらためて振り返れば、つくづく経営者とは孤独なものだと思います。一人で会社を立ち上げて、決断するのも、動くのも、すべては私の意志ひとつ。毎日が選択の連続で、朝起きるたびに岐路にいるという表現も決して大げさではありません。チャンスを逃すことなく即断即決しつつ、万が一失敗したらどう手を打つかまでを考えて即実行してきました。

歳月を重ね、会社が大きくなるほどに背負うものも大きくなっていきます。私は社員だけでなくそのご家族まで食べさせる自覚と責任、決意をもって、幸せになってもらうために骨身を削ってきたつもりです。人の気持ちには敏感に、寄り添う心を忘れず、一方で責任ある仕事をするために必要なところでは厳しく冷徹な決断もする……そのプレッシャーは、決して誰かと共有できるものではありません。

しかし、経営者の熱量とスピードについてきてくれる人がいないと会社はまわっていきません。理想をいえば、経営者と社員がともに同じ目標を持ち、互いに切磋琢磨すること、さらには経営者意識と危機意識を一人ひとりに醸成していくことこそ、この競争社会を勝ち残るために必要なことだと思っています。

そんな思いを、さまざまな言葉や態度にこめて伝えてきましたが、果たしてどこまで伝わっているかは、正直自信がありません。経営者と社員が同じ思いで進んでいくにはどうしたらいいかは、次代に持ち越す課題なのかもしれません。

これまで手がけた事業より

■教育（学習塾経営／保育園経営）

学習塾経営は、実は二度おこなっています。子どもが進んで喜んで来てくれるところであること。勉強ばかりでなく、人間として広い意味での学習ができる場所であること。ときには豊かな自然のなかで生き生きとふれあえ、心の交流が図れる場であること。人間教育の場として、十分な役目を果たすことができたと自負しています。

■四つ葉のクローバー栽培キット

京都のヤサカタクシーが実践している「四つ葉のクローバー号」にひらめきを得て、幸運を招く四つ葉のクローバーをギフト用に販売できないかとタキイ種苗に相談を持ちかけました。結果、一〇〇%ではないが一定数の四つ葉の発芽が望めるという種を仕入れ、会社で育ててネット販売することに。誕生日や記念日、お祝いや感謝の気持ちを伝える贈りものとして、全国各地にお届けすることができました。感謝のお手紙を頂戴するなど、発想としては間違っていなかったと思うのですが、手間料がかかること、大量注文に応じられないこと、送料が上がったことなど、ビジネスとしては課題が多く出てきたため、継続を断念しました。しかし多くの人に幸せをお届けすることができた、素敵な商品だったと思います。

■安土の米「信長舞」

農業の道に進まなかったとはいえ、特別な愛着を持っています。代々継いできた土地は手放すことなく、長く兼業を続けてきました。現在はさらに農地を拡大しています。そんななかで、いつか安土で収穫した米を商品化したいという思いをかなえたのがこのブランドでした。ふるさとの英雄、信長にちなんだネーミング、忙しい人にも配慮した無洗米、手軽なペットボトルに入れてネットのみでの販売にするなど、従来の米の売り方にない新しい工夫が、評判となりました。

■マンション経営

北海道から季節労働者として滞在する職人の宿舎としてマンションを建てたのが最初です。マンケンが持つ建設の資材やノウハウを活用できるため、本業のリスクヘッジ、また節税対策の一環としてマンション経営に参入するに至りました。しかし本格的に乗り出すと、収支計画から運営管理、リスクマネジメントまで、実に煩雑で、本業の片手間でできるものではありません。幸い、よきタイミングで賃貸住宅管理において業界トップクラスの業績を誇る大東建託株式会社さまとの出会いがあり、管理をおまかせすることにしました。さすが「餅は餅屋」で、卓越したノウハウによる不安のない運営と先を読んだ展開が可能になりました。また、営業方法などについては私からも忌憚のない意見をお伝えするなど、よい関係が構築できています。現在は滋賀県内はじめ、兵庫、京都、三重に合計二十三棟・約五〇〇部屋を所持し活用しています。

次代に託す思い

何をするにも、最大の効果が発揮できるよう考えて行動に移し、結果を見届けて判断し、次の行動に移る。そのスピード感がビジネス成功の鍵を握ることは、昔も今も変わりません。

しかし求められるスピードは、年々加速しています。この半世紀の間に、人も社会も、目まぐるしい変貌を続けてきました。社会が変わる周期は、今では五年とにらんでいます。物質的・心理的な距離感も昔と今ではまったく異なります。特にインターネットの進展とともに、遠い海外の出来事がリアルタイムで把握でき、その異変がビジネス環境に影響する時代となりました。そんなテンポに遅れをとらず、一歩先を読み取ってさらに迅速に適切な判断ができるようになること。この部分はもう、若い人々に期待するしかありません。

私は、決してマンケンの今の状態がベストだとは思っていません。やみくもに手を広げ、会社を大きくするのが正解とはいえないし、手堅く勝ち残っていくことが優先すべきミッションだと思います。この先を託す息子は、そういったこともわきまえて新しい種をたくさん蒔いていています。発芽しているものもあり、きっと花咲かせてくれるものと期待しています。

そのために必要なのが、やはり人材の確保と育成です。できれば社長には、やんちゃなくらい勢いのよい〝腹心〟がついてくれればと願っています。徳川家康にとっての徳川四天王のように、この乱世を駆け回り手柄を上げてくれる存在がいればこれ以上頼もしいことはありません。それには「この人にならついていきたい」と思わせる本人の人間性、魅力も必要です。精進を怠らず、妥協することなく、より器の大きい人間になってくれればと思います。

また、未来を考えるときに大きな強みに思っているのが、社長に息子が三人いることです。まだ少年とはいえ三者三様に見所があり、すでに後継者への自覚を持っているのは素晴らしいことで、とてもありがたく幸せです。

あとは何よりも健康であることが一番です。自分自身、家族、従業員、みんなの健康を第一に考えられるよい会社、よい人間であることを貫いてほしいと思っています。私も健康に十分に留意して、この先を見届けていくつもりです。

水原流・経営者七つの心得

―息子に贈る言葉―

一、人にはやさしく孤独に強く

経営者には、人の気持ちを理解し、常に思いやるやさしさとともに、必要なときには厳しい決断を下す判断力が必要。孤独の覚悟を持て。

二、細く長く続けること

商売は牛のよだれのように細く長く続けることが基本。あせらずあきらめず、地に足をつけ、着実に信用を積み重ねていくべし。

三、頑強であれ

心身一如。心と身体が良好な状態であってこそ、リーダーシップが発揮できる。心身の健康維持に努めよ。

四、柔軟であれ

ひとつの見方や価値観に縛られるな。プリズムのように多角的な視点を持ち、多彩な発想力と柔軟な対応力であらゆる変化を乗り越えよ。

五、スピードこそ命

できる人間は仕事が早い。即決断、即返答、即行動をモットーに。常に新鮮な情報を取り入れ、迅速・的確に判断できる瞬発力を身につけよ。

六、無駄をなくせ

利は元にあり。大切なのはやみくもに節減するのではなく、周囲との関係性や今後の動きを俯瞰して必要な場所に、有効に経費と時間を活用することである。

七、ビジョンを共有せよ

元気で推進力の高い組織であるためには、全社における意識の共有が必要。経営者として信頼される人間性とともに、思いを的確に伝え共感に導く力を持て。

水原流・経営の肝　マンケンを築いた「人」「金」「モノ」「情報」

多くの苦難を乗り越え、次代にバトンを渡すことができたマンケン。水原一夫が創業者として築いてきた礎は、これより先のさらなる飛躍を支えるものであると信じています。本文中でもお話してきましたが、ここにあらためて経営にあたって貫いてきた考えを「人」「金」「モノ」「情報」四つの視点から記しておきたいと思います。

「人」企業を支えるのは、人

優秀な人材なくして企業の存続はありません。大前提として、トップである経営者自身が、従業員からも取引先からも慕われる人格と、的確な舵取りができる能力を備えていなくてはなりません。私は常に自己研鑽に努め、言動の一致を心がけてきました。

さらに人の能力を見極め、適材適所で活躍させてやれるかどうかもトップの裁量にかかっています。私は一人ひとりの仕事だけでなく、その存在や行動が会社にどのようなかたちで利益や好影響をもたらすかまでを評価する独自の人事考課制度を採用してきました。個人的感情ではなく、多角的な視点、多様な価値観から人を見て、理解することが、伸びゆく企業をつくるために必要です。期待できる人材には大きな権限を委譲しモチベーション向上を図るとともに、多少の失敗は許容し、おおらかに成長を見守ります。

また、いくら優秀な人材でも、企業に所属する以上はチームワークを大切にできる人であることが必須です。企業のビジョンを共有し、一人ひとりが経営者意識をもって、力を合わせて達成を目指せるチームであることを理想としています。

「金」危機管理意識を持ち、堅実に

経営者として、数字で物を見る感覚は絶対に必要です。私は高校時代から株を通じて経済の仕組みを学んできたことで、財務へのシビアな視点を培うことができました。

どれだけ「細かい」と言われようと不必要な経費は徹底して削減する一方、利益創出のための投資は惜しまない。また、少しでも不穏な気配を感じたら迅速にできる手を打ち、次なる身の振り方を考える。そのためにも常に最新の情報を収集し、時流に敏感でいる。こうした行動を基本として、手堅い経営を続けてきました。

実は人一倍怖がりで、万が一の何かがあったときに動揺したくないことから、最悪の事態を想定しておく危機管理意識を常に持っていることが、「備え」としての潤沢な資金力を維持できた要因といえるかもしれません。

「モノ（商品）」品質を磨き抜き、お届けする努力

私たちが主として提供するのは、商品そのものではなく、施工技術や建築空間、さらにはそれに付随するサービスです。いわば現場で作業に携わる一人ひとりの行動とその成果が、お客さまにとっては企業の価値を判断する「商品」です。マンケン創業当時、建築業界で働くほとんどの職人たちに欠けていたこの視点を、徹底したモラル教育、安全教育で補うとともに、制服を定めて見た目にも好印象を心がけたのは本文でもお話したとおりです。一人ひとりの技術はもちろん、仕事の段取り、気働き、サービス、マナー、あらゆる面でお客さまにご満足いただくために、今も研鑽に努めています。

「情報」時代のニーズに敏感であれ

経営者たるもの、常に人々が何を望んでいるか、求めているかに敏感でなければなりません。社会は常に動いています。一瞬でも立ち止まれば、それだけ遅れをとることになり、ビジネスチャンスを逃すばかりか「あそこは古臭い」「終わっている」という評価を受けかねません。

かといって、義務感だけで情報を追うのは苦行でしかなく、たとえ有益な情報が得られたとしても上手に取り入れることができません。大切なのは、生き生きとした好奇心を持ち続けること。多方面にアンテナを伸ばし得た情報は思いがけないところでつながり、新しい発想や関係の構築に大いに役立つとともに、自分には知らないことがいっぱいあるという謙虚な気持ちで「知りたい」「学びたい」意欲を持ち続けることは、人生を楽しく歩む力にもなります。

一、名誉、地位、金、命、欲がないと長生きできない
二、いつも新しいことにチャレンジする
三、いつまでも幸せでいるためには、幸せになる生きがいを持つこと
四、人生は一〇〇年　自分は若い！「老けた」は禁止
五、脳が老けない人はバランス能力のある人
六、外食を定期的におこなう人は若い
七、相手の気持ちを読み取る人は若い
八、肩をすぼめて道の端を歩く人は老化が早い
九、楽しむために準備して　倒れるまで走り続けたい

人生の目標　若さを保つモットーとは　―水原一夫の持論―

・人間の花は十年後に咲く。
・人生は投じたものしか返ってこない。
・人生は何をキャッチするか。その中身が人生を決める。
・道に限りはない。人生これでいいということはない。

第4章　そして未来へ

この章は、創業者の志を受け、現在代表取締役社長を務めるご子息・水原俊彦氏にバトンタッチ。息子から見た父とマンケン、来し道への思いと未来への抱負を語ってもらいました。

俊彦氏から飛び出す言葉は、ときに驚くほど屈託なく、フランク。想像以上に忌憚のないインタビューとなりました。しかし若き日々の複雑な父親や会社への思いも、今だからこそ言えるもの。長い時を経る間に、こうしたことが話せるほどに良好な関係が築けていることが実感できました。水原一夫会長の思いを受け止めながらも、新しい価値観で次なる時代をひらく力を備えた、期待の二代目です（編集者）。

幼少期の思い出は父の後ろ姿

六歳上の姉に続いて僕が生まれたのは一九七四（昭和四十九）年六月、父が三十二歳のときです。その二年半後にマンケンが創業されました。大人になり、やがて経営に携わるようになった今になって思えば、それが人生のうちでもいかに大変な時期であったかが容易に想像できます。しかし、幼い子どもには、そんな忖度の余地はありません。

父は物心ついたときから仕事、仕事で、遊んでもらった思い出は、ほとんどありません。当時の父の印象といえば、階段を上がっていく後ろ姿です。「あ、帰ってきた」と思ったら、そのまま二階の仕事場に上がっていくので、顔を合わせて会話することもほぼなかったのです。コミュニケーションがないため、僕のなかではずっと怖い人というイメージでした。

母もやはり会社の仕事で忙しかったので、小中学校時代はずっと祖母に面倒を見てもらっていました。唯一、母に時間ができた日曜日のお昼、近江八幡駅前にあった平和堂の屋上のゲームセンターに連れて行ってもらい、レモンスカッシュを飲むのを楽しみにしていたことを覚えています。

父母との関係が希薄なことに、少しは寂しさもあったと思うのですが、他の家と比べることはせず、そういうものだと割り切っていました。それよりも友達と遊ぶことに夢中な、元気な子どもでした。テレビゲームもスマホもない時代のこと、小学生のときは放課後になると友達と山や川で思いきり遊び、中学に入ったら野球部一色の日々。当時の仲間とは今でもつながりがあります。生き生きと楽しい子ども時代を過ごしました。

実は中学に上がるくらいまで、うちが会社をやっていること、父が社長であることも知りませんでした。父母が何にそんなに忙しいのか、どんな仕事をしているかにも、まったく興味がなかったのです。よくよく考えると、家はとても大きかったし、必要なものは躊躇なく買ってもらえたし、裕福な家だったと思えるのですが、祖母がつくる毎日の食事をはじめ、日常は質素でつつましいものでした。僕自身物欲の強い子どもではなく、特別なものを求めることもありませんでした。

反抗期と、後継者の自覚

しかし、僕が関心を持っていなくても、成長するにつれ入ってくる情報は増えていきます。記憶は断片的ですが、父はどうやら「マンケン」という会社を経営しているらしいということをおぼろげに察してからは、それを得意に思うよりむしろ嫌だと思うようになりました。たとえば、そこかしこに「マンケン用地」と書いた看板が立っていて、友達から「マンケン」というあだ名で呼ばれたこと、近所のお店に行ったとき「ぼんぼん」とか「ぼっちゃん」とか呼ばれたことなど、僕という個人を親の仕事に関連づけられることが、気に障ったのを覚えています。

そういう小さな反感を募らせていったせいか、高校生になると、ひどい反抗期を迎えました。父のすることが何もかも気に入らなくて、会話を拒み、反発するようになりました。一緒に食卓についても、大皿に盛られたおかずに父が手をつけると嫌になって食べないとか、ずいぶん生意気なことをしたものです。挙句「両親に育てられた覚えはない」とキレて暴れたこともあります。そんなとき、父は僕の態度に激昂するでもなく、ただ黙って受け止めていました。

今思えば、心の奥にあった不満が一気に爆発したともいえますが、しょせんは子どもの甘えでした。父は僕がどんな態度をとろうと、変わらない愛情を向け続けてくれていたのでしょう。しかしそれさえ、思春期の僕にとっては神経を逆撫でするものになっていました。たとえば高校では空手部に入りましたが、あるとき顧問の先生に呼ばれ、「君のお父さんが、空手は危ないから辞めさせたい。先生の口から辞めるように言ってくれないかと言ってきたよ」と知らされました。どうして余計なことをするんだと激怒したのは言うまでもありません。

バイクに乗ろうかなと何気なく口にしたときは「そんな危険なこと、あかん！」と珍しく面と向かって凄い勢いで反対され、あまりの剣幕に押されて断念しました。これは素直にそうかなと思えたので、それほどやりたいことでもなかったのが大きいですね。

わが家は祖父が早逝したこともあり、父自身も大切に育てられてきて、ケガや死への心配や恐怖心が普通以上に大きかったのだと思います。そして僕自身、まだ家長制度が色濃い昭和の田舎にあって、やっと生まれた待望の男子です。水原家の後継者として、なんとしてでも無事に成長させたいという意識が、ときに思わぬ行動につながったのだと今は理解できます。

そんな日々のなかで、父から会社は将来お前が継ぐんだというような話が出てくるようになっていました。経営がどんなものか、父がどこまで本気なのかつかみかねていた部分もあり、反発しながらではありましたが、会社はいつか自分が担っていくものだという自覚は徐々に芽生えていきました。かといって、まともに顔をつき合わせて進路のことを話す機会も持たなかったのですが。高校卒業後は自ら選んで大阪の建築の専門学校に進学しました。この選択は、父も嬉しかったようです。

故郷を離れて大阪でひとり暮らしが決まったときは、マンション探しから契約まで、父がついてきて采配してくれました。しょせん父の力を借りないと何もできない若造だったのですが、認めたくなくて、ふてくされるように横に立っていた自分を思い出します。

マンケンの名の届かないところで

大阪での生活は楽しく、ほとんど連絡もせず実家にも帰らず、三年間の学生生活を満喫しました。卒業後もマンケンに入社することはまったく考えていませんでした。すぐに滋賀県には戻らず、とにかく会社や父の名が知られていないところで経験と実績を積みたいと思っていました。就職先は、実家に帰ったときに置いてあった工事関係の本を見て、目についた大阪の金属パネルの施工会社に電話して面接に行き、採用してもらえることになりました。会社には家のことは一切話さず、普通のサラリーマン家庭ということにしています。就職先がはっきりと決まるまで、家族の誰にも相談もしませんでした。

業務としては金属パネルの加工と取り付けをしている会社で、最初は営業に配属されました。ところが何もわからないままの抜擢だったのでついていけず、仕事が面白くなくて、一年で退職を考えたほどです。懇意にしてくれた先輩に相談したところ「だったら自分のいる工事部に移ってこい」とアドバイスをもらい、二年目に転属がかなって、そこから俄然仕事が楽しくなりました。本当にその先輩にはお世話になりました。

工事部はいわゆる現場仕事で、体力的にはきつかったですがやりがいがありました。やんちゃな職人さんとやりとりする仕事で、心身ともに鍛えられていきました。それまではどちらかというと人見知りで内向的なところがありましたが、社交性が養われ、大きい声が出せるようになったのは、工事部の仕事を任されるようになったおかげです。現在の自分の基礎は、ここで形成されたといえます。おそらく専門学校時代の甘えた気持ちのままだったら、どこに行っても通用しなかったでしょう。それくらい、根本的に自分自身を変えてもらえた体験になり、自信もついていきました。

そのうち工事だけを見ているのに物足りなくなり、契約や追加受注など営業面も見させてくださいと申し出るまでになりました。しかしこれがうまく噛み合わずちょっとした挫折を味わい、また同時期に会社自体にもいろいろと問題が起こって、慕っていた先輩が独立することになりました。僕もまだ二十七、八歳だったので、動くなら今だと思いました。実家に戻るにはまだ早い。退職してもうひと勝負、他の会社で自分の力を試してみたいと、新たな挑戦への意志を固めました。その矢先のことです。正月の帰省から大阪に戻って数日後、突然に母の訃報が飛び込んできたのです。

後悔と悲しみ、そして前へ

その頃には、顔を合わせたり電話で会話したりするたび、「結婚はしないのか」「そろそろ孫の顔が見たい」と言ってくる母でした。僕はそれがうっとうしくて、「そんなこと言うんやったらもう帰らへんで」と無碍にあしらったのが、最後の会話になってしまいました。

信じられない気持ちのまま実家に戻って母と対面し、葬式には、実はそのときすでに交際をはじめていた、現在の妻である彼女を呼び寄せました。こんなことなら、ちゃんと紹介しておけばよかった。いくら悔やんでも悔やみきれません。父は察するところがあったのでしょう、棺の蓋を開け、母と彼女を会わせてくれました。葬式は盛大なもので、ここで私の立場を初めて知ることになった彼女も勤務先の人々も仰天していました。

葬送のあれこれがひととおり終わると、家は静まりかえりました。直前まで変わりなく働き、明るく気配り上手で誰からも慕われた母の死に、誰もが言葉なく、暗く沈んでいます。さすがの父も、すっかりいつもの勢いを失っていました。僕自身、どうすればいいかわからないほど悲しく、孝行できなかった後悔ばかりがこみあげます。そんな気持ちに決着をつけるように、口をついて出たのが「家に戻る」という言葉でした。そうすることでみんな元気が出るかなと思ったのです。逆にいえば、この家に、会社に、活気を取り戻すにはそれしかないと悟ったのかもしれません。

父にとっては待ち侘びていた言葉だったのでしょう。公私共に大切なパートナーだった母を見送り、戸惑い立ち止まっていた自分を取り戻すかのように、猛然と行動をはじめました。僕が大阪に戻って会社に辞意を申し出たときは、社長から半年待ってほしいと言われていたのに、その翌日には父が会社に現れ、締め日を聞いてさっさと二週間後に退社する段取りを勝手につけてしまいました。嫌だなと思いましたが、それも含めて覚悟が決まりました。

ちなみにこのような形で初めてわが家の事情を知った彼女は、驚きこそすれ、幸いなことに僕への信頼は揺るがなかったようです。葬儀のときは喪服を着て立ち働いてくれ、戻る意向を話したときも納得してくれました。彼女の周囲の人々は「滋賀の、それも経営者の家に嫁ぐなんて、絶対苦労する」と反対しましたが、一年間、やや遠距離恋愛を続けた後、結婚に至りました。ある意味、母が結んでくれた縁といえるかもしれません。

都会で経験を積んだ自負が裏目に

このように思いもよらない急展開で、誰に強制されることもなく父のもとに戻りマンケンに入社したわけですが、今思えば生意気盛りの二十代。先輩方に教えを乞うとか、相手を立てるといった余裕などなく、むしろ「ここで舐められたらあかん」という思いを強く持っていました。しかも大阪では、スーパーゼネコンと一緒に仕事することも多く、都会の第一線で働いてきたという自負もあります。滋賀という地方都市で実績を積むマンケンのやり方を物足りなく思ったのも事実です。厳格な安全基準や現場管理を当たり前としてきた体験をふまえると、全体にまだ意識が低い、ここは僕が改善していかねばという気負い、もっといえば奢りがありました。その気持ちのまま、最初の朝礼で、ガツンとかますつもりで「この会社は都会に比べてぬるい」的なことを言ってしまったのです。それは反感を買いますよね。

思えば、その期間、職人たちは本当にこいつを認めて大丈夫なのか、ゆくゆくはボスとして自分たちを引っ張っていく器があるのか、値踏みされていたのでしょう。確かに親父はすごい人だけど、お前はどうなのかと。野生のオオカミが新しいボス候補を甘噛みしながら反応を見るように、試されていたのだと思います。当時はずっと、こんなに反発されるなんて厳しいな、アウェイだなと思っていましたが、今考えれば当然のことだったとわかります。

その間、父からの援護もアドバイスも一切ありませんでしたが、あとで知ったところによると、見えないところで、いろんな人に「どうか息子を支えてやってくれ」と頭を下げてくれていたようです。僕はそんなことにも気がついていませんでした。

ようやく手応えを得て

最初の一年は主に挨拶まわりをしているような日々でした。これまでも同じ建築業でやってきたとはいえ、分野が違えば勝手も違うのでわからないことも多く、すべてを把握することはなかなか難しいと感じました。ましてやマンケンの仕事量は多すぎて、新規の仕事をいただけたにしてもただそのまま持ち帰るだけの御用聞きのようなもの。自分の力でやったという手応えにつながりません。僕自身の立場も宙ぶらりんな気がして、なかなかモチベーションが上がりませんでした。そんな状況を打開していくには、周囲が納得できるような力をつけ、見せていくしかありません。

ひとつの転機になったのは、ある新規の取引先にマンションの見積りを持っていったときに「これとこれを変更したらなんぼになる」と聞かれ、いつもなら持ち帰って見積り直してもらうのですが、その場で必死に計算して数字を出してみました。「ほんまにこれでええんか」と聞かれましたが、「この現場の責任者は僕なので、僕が責任を持ちます」ときっぱり言ったら「必死さが伝わった」と気に入ってもらえて、契約が取れたのです。やっと一歩前に出られた気がしました。ただ、この後も番頭や現場の職人との関係はぎこちなく、なかなか思うように仕事が進まない悩みは依然としてありました。

いい加減なんとかせねばと考え、「それなら別のルートで新規開拓して自分で契約を取り、施工から点検、引き渡しまですべて見たらええんや」と開き直りました。職人も自分で探して手配することにしました。当時の滋賀県は職人の取り合いで、それはそれで苦労がありましたが、だんだん僕への工事の受注も増え、順調にまわしていくことができるようになって、ようやく番頭たちにも認められはじめたように思います。気がつけば入社から五年くらいたっていました。

ただ、それでアウェイがホームになった、という安堵感はありません。立場的にみんなで楽しく仲良くやろうと、すでにできあがっていた輪のなかに入っていくのではなく、もっと上の立場としての言動を意識しなくてはいけないという思いもありました。

後継者の担うべきこと

会長を見ていてもわかりますが、創業者は、やはり人を惹きつけるカリスマ性を持っています。有無をいわさないパワーで従業員を束ね、難しい職人たちにも「この人のためなら」と思わせる人間的魅力が備わっているんですね。だからこそ、二代目以降に向けられる目はシビアになります。

創業者は自分でつくった会社だから、なんなら潰してもいいというくらいの覚悟で進めます。しかし二代目は初代がつくり上げた土台に乗っているだけ。少なくとも、人はそう見ています。それを自分のものと勘違いして、調子に乗ってしょうもないことをしていたら終わりです。そんな人間に、誰がついて来てくれるか、ピンチのときに救ってくれるか。気がついたら誰もいないのがオチでしょう。特に僕たちの建築業は、仕事がいくらあってもそれを請け負ってくれる職人がいないと破綻してしまいます。父はそこで、苦労を重ねながらきめ細かな気遣いと工夫で職人たちの心をつかみ、引っ張ってきました。さあ、二代目のお手並みは？　とハスに構える人たちを納得させるには、自分の立場にあぐらをかくことなく、いかに汗をかき身を粉にして働くかが肝心なのです。

だからこそ、僕は一番きつい、汚いことを率先してやろうと思いました。誰もが嫌がるような現場を自ら手を挙げて担当し、困っているところに行って話をつけてくるくらいでないといけません。みんなが避けたがる夜間工事を二年くらい受け持ったこともあります。午前〇時から四時まで現場を担当し、仮眠のあと営業に出るというスケジュールで、その間は、家にも帰れませんでした。そうやってしんどい仕事を人にふらずに自分がやることを、十年は続けました。そうした行動も、なかなか骨があるなと認められた一因だと思います。

そうして誰もが嫌がること、困っている部分を自分が請け負う覚悟は、トップに立った今も持ち続けています。

縁を育むネットワークを

入社から約十年で社長になり、それからまた十年、会長からも「ようやく本物になった」と言われたことがあります。しかしこの二十年間は、マンケンの創立から考えても、一番社会が変わっていった年月だったのではないでしょうか。会長が培ってきたマンケンのマインド、人を大切にする企業風土や地域密着で信頼にお応えしていく方針はそのままに、いかに新しい環境をつくりあげていくかが問われています。

働き方改革、ダイバーシティの推進、コンプライアンスの遵守。いずれも建築業界はまだまだ遅れをとっている分野ですが、時代に適応する考え、仕事の進め方、待遇を実現しないと、人は集められません。何より、これからはさらに若手の獲得が難しい時代となっていきますが、会社全体の若返りを実現しないと、未来がありません。

大きな課題のひとつが、一人ひとりの負担を減らし仕事の偏りをなくしてワークライフバランスを実現すること。そのためにも、滋賀県にこだわらず全国、さらには世界にまで視野を広げて人材確保のネットワークをつくり、仕事を循環させていくことが必要だと思っています。どこにどんな縁があるかわからないので、あらゆるかたちでトライしようと考えています。

働く人が幸せを感じる会社に

現在、滋賀の内装業界は約八十億円の市場で、その約三分の一を当社が担っています。プラス十億まで売上げを伸ばし、半分のシェアを占めることがひとつの目標です。しかし、実は内装事業のみにこだわって売上げ目標を達成することにそんなに大きなウエイトを置いていません。というのも、これからのマンケンの事業展開としては隣接異業種へと広げていくことも重要だと思っているからです。

もっと人々の生活に直接かかわれるよう、リノベーションの提案からインテリアまで、トータルなものづくりとして手がけることができれば、従業員のやりがいにもつながります。自分の仕事が見える化できれば、「この場所は私がつくった」「ここを貼った」「デザインした」等々、人にも伝えられ愛着も深まります。建築業は、そんなかっこよさ、やりがいのある仕事だと思っています。

働く幸せは、待遇の向上ももちろんのことですが、仕事に楽しみや喜びを感じ「この会社に勤めてよかった」「この仕事を選んでよかった」と思うことにもあります。その点をもっとアピールすることで、人材の確保にもつなげていけるのではないでしょうか。

新たな拠点から広げる可能性

また、滋賀にとどまらず、拠点を増やすというビジョンもあります。すでに島根に営業所を出していますが、その発端は、イレギュラーな事情からでした。信頼している社員が家族の都合で転居しなくてはいけなくなり、本当はずっと勤め続けたいと打ち明けられて、だったら任せるから支店を出そうということになりました。縁もゆかりもない都市でしたが、逆にしがらみのないところでどこまでも行こうと彼を励まし、一緒に営業してまわりました。今ではスタッフも増え、確実に信頼を築いています。売上げとしてはまだまだですが、島根に営業所があることは、本社の刺激になり、信用も築けるなど、目に見えないところで大きな効果が上がっています。また、遠隔地とのネットワークを確立することで、人材の柔軟なやりとりも可能になります。

さらに条件が整い次第、関東にも拠点をと、現在慎重に準備している最中です。聞くところによると関東は職人のモラルへの評価が低く、こちらでやっている当たり前のことをしっかり導入すれば取引先に快く受け入れてもらえるのではないか、同じように職人を育てることで仕事も相応の対価がいただけるのではないかというチャンスを感じています。

これからの時代、特に職人の確保はますます困難になっていくことが予測され、会社を成長するためにクリアしなくてはならない最重要課題です。その意味でも、新しい土地で新しい人材と出会うことが、大きな力になると期待しています。

新しい世代からもらう気づき

僕もこちらで家庭を築き二十年が経ちました。母が働き詰めの姿を見てきたので、妻には子どもと一緒にいる幸せを味わってほしいと子育て中は家庭に専念してもらい、一段落したタイミングから会社に入って今はいろいろフォローしてもらっています。

息子たちに関しては、こちらからは何も言ったことがないのですが、三人とも小さい頃から「お父さんの仕事を手伝いたい」と会社に入ることを決めていました。それぞれが自分の得意を生かし、会社のために何を身につければいいか、何を学べばいいかを計画を立てて学んでいます。長男は今春、希望の大学に進学しました。自分と向き合い、環境に加え自らも努力してひとつひとつ結果を出していくことを、知らない間に体得しているのです。

つくづく、父に反抗したり逃げたりすることばかり考えていた自分との違いに、恥じ入るばかりです。加えて、いかに自分がわがままな子どもだったかを思い知り、それを黙って見守ってくれた父が凄い人であることがあらためてわかりました。ここまでくるのに時間はかかりましたが、子育てを通じて考えさせられ、学び直すことができたのは、幸いなことです。遅くなりましたが、なんとか間に合いました。バトンを受けた今、これからさらに成長する会社の行く末を見てもらうことがいちばんの親孝行でもあると思っています。僕も自分なりのやり方でがんばっていくので、父……会長には、健康で長生きしてほしいと願っています。

マンケンの社訓

●社会は人の集まりである
●誠意と情熱と勇気をもって
●行動すれば必ず人の心を動かし
●信用となって帰ってくる
●人も企業も信用が基盤である

スローガン

●創意工夫

●無駄をなくして利益に結びつけよう

基本方針

一、安全の蓄積

一、信用の蓄積

一、資本の蓄積

一、奉仕の蓄積

一、人材の蓄積

一、技術の蓄積

一、知識の蓄積

一、取引先の蓄積

伝え、続けるということ——あとがきに代えて

私は、これまでも自らの経験をもとにしたビジネスへの考えや仕事術、あるいは個人的な体験の記録を、書籍という形で世に出してきました。しかしこの本は、従来の拙著とは趣を異にし、私の歩んできた道を丹念に掘り下げ、赤裸々な思いを綴った一冊となっています。齢八十二を数える人生、そして私自身の全てを賭け半世紀にわたり育ててきたマンケンという企業を語った集大成といえます。

ここでお話した私の生き方や考え方、行動、そのほとんどの根底にあるのは昭和の価値観です。あらためて現代の感覚に照らすと、必要なモラルが欠如していたり、欠陥があったり、考えられないことの連続だったりするかもしれません。ただ、今ではリアルに知る人も少なくなった太平洋戦争の終結後、戦争遺児として絶望の淵にあった一人の少年が志を立て、一国一城の主という夢を奔走の末に実現して半世紀にわたり育て上げることのできた成功譚は、まぎれもない事実です。記憶に刻まれた日々の

どの瞬間の決断も言動も、すべては必須であった、無駄なことは何ひとつなかったと、今でも胸を張って言うことができます。引いてはこんな時代があったからこそ今の日本があるということは、後世の人々にも、心には留めておいてほしいと願っています。

もっとも、今の私がこうして誇りをもって語れるのも、一代で築き上げたマンケンを、次の代へと引き継ぐことができた安心感と感謝があるからです。それは決して当たり前のことではありません。五十年を越えて継続できる企業はごくわずか、なかでも事業承継問題は、特に中小企業において実に大きな課題です。思いをこめて起業した以上、少しでも長く存続させたい、できることならば自分の命が尽きたその先も成長を続けていってほしい。ほとんどの創業者は、わが子同然の企業が自身の引退後も健全に継続されていくことを願い、そのために手を尽くしているはずです。しかし不本意ながらも閉じざるをえなくなる事態も多く、その原因の大部分が、後継者にからむ問題といえます。たとえ優秀な子息・子女がいても、親のつくった企業を継いでくれるとは限りません。そうしてバトンタッチが思うようにいかずに消えていった企業を、私自身、数多く見てきました。

当社の場合も、ひとつでもボタンの掛け違いがあれば、異なる結果になっていたかもしれません。子どもが幼い頃に起業した私は、仕事に没頭するあまり、よい父親、よい家庭人にはなれませんでした。ただどんなことにも手を抜かず、全力で取り組む後ろ姿を見ていてくれという思いはありましたが、子どもがそれを理解するのは難しかったでしょう。息子は思春期の大きな反抗期を経て、そのまま進学とともに家を出て、長く戻ってきませんでした。それでも私には、不思議と不安はありませんでした。息子は、愛想のない態度をとりながらも、進学や就職先には建築関係を選んだ。その筋の通し方に、心の奥底では通じ合っているものがあることを感じていたからです。

経営者として、そして親として、真面目に手堅く、信頼に応え続けていれば、いつか一緒にやれる日がやってくる。それは、私の揺るぎない確信でした。あとはいつそのタイミングが来てもいいように、より仕事の質を高め、成長し続ける企業体質をつくることです。

そして、その日はやってきました。

とはいえ、最初からうまくいったわけではありません。息子も不器用なところがあり、さまざまな葛藤があったようです。表では平静を装いながら、内心ハラハラと様子を伺い、周囲にさりげなく根回ししたこともありました。しかし、しょせんは本人次第。いろいろなところで衝突したり、心が折れる体験をしたり、苦労を重ねながらも、私とは異なるやり方で自分なりの道を自分自身の手で開き、しっかりとした足取りで進めるようになりました。社長業を任せてからのここ十年は、その成長ぶりも顕著で、頼もしく思うことも増えていきました。しかも今ではその子どもたちが未来を見据え､着々と準備をはじめてくれています。これほど幸せなことがあるでしょうか。

一方でそれは、社会の変遷とひとつの時代の終わりを、私に感じさせるものでもあります。老兵は潔く去るのみ。その前に、マンケンの誕生と生い立ちを、いかに熱意をこめて育ててきた会社であるかを、伝えておきたいと思いました。

私が人生の終焉にイメージしているのは、真っ赤な夕日です。太陽が最後にこれまでにない美しい輝きで空を染め上げ、鮮烈な印象を残して沈んでいく姿に、私もかくありたいと願っています。残された時間で、力を出し切り、愛する人々に思いを伝え切って悔いなく世を去りたい。この本が、その輝きのひとつになることを願っています。

ぼうふらも　蚊になるための　浮き沈み（一夫・小学六年生　入選句）

水原一夫

二〇二四年六月

夢《ゆめ》を築《きず》き、希望《きぼう》を繋《つな》ぐ

ファミリー企業《きぎょう》の挑戦《ちょうせん》と成功《せいこう》

2024年9月12日　初版発行

著　者　　水原一夫
発行人　　佐久間憲一
発行所　　株式会社 牧野出版
〒604-0063　京都市中京区二条通油小路東入西大黒町318
電話 075-708-2016　ファックス（注文）075-708-7632
http://www.makinopb.com
装丁・本文DTP　　山本善未
印刷・製本　　中央精版印刷株式会社

内容に関するお問い合わせ、ご感想は下記のアドレスにお送りください。
dokusha@makinopb.com
乱丁・落丁本は、ご面倒ですが小社宛にお送りください。
送料小社負担でお取り替えいたします。

　ISBN978-4-89500-246-2